»Petersburg ist mehr als Berlin und Wien; und es ist in einem Jahrhundert geworden«, schrieb 1805 begeistert der deutsche Schriftsteller und Weltenbummler Johann Gottfried Seume. Es ist berühmt als »Venedig des Nordens«, bewundert als »nördliches Palmyra« – doch eigentlich wollte Peter der Große, Gründer der Stadt, in den Sümpfen des Newa-Deltas ein zweites Amsterdam schaffen.

St. Petersburg ist nicht wie andere europäische Metropolen Ergebnis tausendjähriger Baugeschichte; vielmehr wurde die Stadt im Verlauf zweier Jahrhunderte von nur wenigen russischen Monarchen in ihrer Entwicklung bestimmt.

Neben anderen Sehenswürdigkeiten werden der Newskij Prospekt samt seiner Kirchen, das Winterpalais, die Kleine und die Alte Eremitage vorgestellt. Auch Puschkins und Dostojewskis Petersburg kommt zur Sprache, das Petersburg der Dekabristen, das des Terrors sowie das des legendären Rasputin. Mit dem Ende der Monarchie enden auch die *Spaziergänge*. Ein Anhang mit den wichtigsten Adressen und Hinweisen macht dieses Buch nicht nur zu einem unentbehrlichen Begleiter für Reisende. Mit seinen farbigen Geschichten ist es auch eine spannende Lektüre für alle »Armchairtraveller«.

insel taschenbuch 2833
St. Petersburg

Bank-Brücke, Gribojedow-Kanal

St. Petersburg

Literarische Spaziergänge
Von Ingrid Schalthöfer
Mit farbigen Fotografien
Insel Verlag

insel taschenbuch 2833
Originalausgabe
Erste Auflage 2002
© Insel Verlag Frankfurt am Main und Leipzig 2002
Alle Rechte vorbehalten, insbesondere das der Übersetzung,
des öffentlichen Vortrags sowie der Übertragung
durch Rundfunk und Fernsehen, auch einzelner Teile.
Kein Teil des Werkes darf in irgendeiner Form
(durch Fotografie, Mikrofilm oder andere Verfahren)
ohne schriftliche Genehmigung des Verlages
reproduziert oder unter Verwendung elektronischer Systeme
verarbeitet, vervielfältigt oder verbreitet werden.
Textnachweise am Schluß des Bandes
Vertrieb durch den Suhrkamp Taschenbuch Verlag
Umschlag: Michael Hagemann
Satz: Hümmer GmbH, Waldbüttelbrunn
Druck: Konkordia, Bühl/Baden
Printed in Germany

2 3 4 5 6 – 07 06 05 04

Inhalt

IV. Zeit des Umbruchs

V. Das Ende der Monarchie

Vorwort

Berühmt als »Venedig des Nordens«, bewundert als »nördliches Palmyra« – aber eigentlich wollte Peter der Große, der Gründer der Stadt, ein zweites Amsterdam in den Sümpfen des Newa-Deltas schaffen. Seit 1703 wurde dort in kürzester Zeit und mit Einsatz übermenschlicher Anstrengung eine europäische Metropole erbaut, so daß bereits nach einem Jahrhundert der deutsche Schriftsteller und Weltenbummler Johann Gottfried Seume über die Stadt schrieb: »Bis zur Bewunderung steigt meine Seele nur selten. Hier habe ich bewundert, wenn ich dachte, dass da, wo Paläste stehen und Monumente, die man kühn unter die grössten zählen darf, da, wo sich Menschen drängen und in Glanz und Ueppigkeit leben, wo eine kolossalische Macht jetzt ihre Propyläen errichtet hat, dass da vor hundert Jahren nichts war, als rund umher eine ungeheure Sumpfgegend mit einigen Fischerhütten. Das ist Grösse [...] Petersburg ist mehr als Berlin und Wien; und ist es in einem Jahrhundert geworden.« *

St. Petersburg ist nicht wie andere europäische Metropolen das Ergebnis von jahrhundertelanger Baugeschichte. Es ist eine Stadt, die im Verlauf von zwei Jahrhunderten von nur einer Handvoll russischer Monarchen in ihrer Entwicklung bestimmt worden ist. Deshalb bot es sich an, diesen Band aus der Reihe *Literarische Spaziergänge* chronologisch aufzubauen. Er besteht aus fünf Kapiteln, die jeweils einer bestimmten Epoche gewidmet sind. Im ersten Teil jedes Kapitels wird der Blick auf geschichtliche Ereignisse

---

* Seume, S. 66.

gerichtet, im zweiten Teil ein Spaziergang vorgeschlagen, auf dem die Vergangenheit städtebaulich und architektonisch anschaulich wird. Die Beschreibungen sind nicht nur faktenorientiert, sie versuchen vor allem die Stimmung und den Geist der jeweiligen Epoche widerzuspiegeln, was am besten gelingt, wenn Zeitzeugen – Literaten oder Reisende – zu Wort kommen.

Dieser Reiseführer kann zur Einstimmung auf eine bevorstehende Reise zur Hand genommen werden, aber auch nach der Reise zur Nachbereitung und Ordnung der Eindrücke. Er kann auch ganz unabhängig von einer Reise gelesen werden und die »Armchairtraveller« zu Hause mit aufregenden Geschichten über die Stadtgeschichte erfreuen. Schließlich ist er auch geeignet, die Reisenden vor Ort zu begleiten und kann auf fünf Spaziergängen durch die Stadt führen.

I. PETRINISCHE ZEIT

Mitten im Sumpf, aber am Meer – die Gründung

Hätten wir im 18. Jahrhundert als Reisende aus Westeuropa Sankt Petersburg besuchen wollen, wir wären sicher auf dem Wasserweg gekommen. Über die Nordsee zur Ostsee, dort bis zu ihrer östlichsten Bucht, dem Finnischen Meerbusen, von wo wir über einen der Newa-Arme zu den Inseln gelangt wären, wo 1703 die Stadt ihren Anfang nahm.

Nähern wir uns auch in diesem Buch der Stadt vom Wasser her, auf das der Blick des Stadtgründers von Anfang an gerichtet war. Es gab im Newa-Delta vor 1703 nichts als ein paar Fischerhütten, die zu jener Zeit zum schwedischen Territorium gehörten, aber der Zugang zur Ostsee war für Peter I., den Gründer von Sankt Petersburg, so sehr von Bedeutung, daß er deswegen den Schweden den Krieg erklärte. Peter suchte eine Stelle, die sich für den Bau eines Hafens eignete und an der er seinen Traum von der russischen Flotte verwirklichen konnte. Das Newa-Delta wählte er unter dem Zwang der Kriegsereignisse: Hätte er während des Krieges gegen die Schweden Riga früher erobert, wäre St. Petersburg möglicherweise nicht die Stadt geworden, wie sie sich uns heute zeigt.

Der Wasserweg war in jener Zeit die schnellste, zuverlässigste und die bequemste Art zu reisen und die Voraussetzung für einen blühenden Handel. Für Peter bedeutete der Wasserweg über die Ostsee außerdem, daß Rußland eine direkte Anbindung an Westeuropa bekommen könnte und damit den Zugang zu Fortschritt und Wissen – eine notwendige Voraussetzung für die gewünschte Modernisierung seines Reiches. Wie rückständig sein Land war, wurde Peter deutlich, als er im Krieg gegen die Türken in den neunziger Jahren des 17. Jahrhunderts kläglich verlor. Es war sein erster Versuch, dem Land einen weiteren Zugang zum Meer zu verschaffen. Nach einer dreimonatigen Belagerung von Asow mußte er sich erfolglos zurückziehen. Die Niederlage war ein Ansporn. Er holte ausländische Fachleute, erneuerte und vergrößerte durch Zwangsrekrutierung seine Truppen und konnte mit einer neu gebauten Galeerenflotte im Juni 1696 den Türken die Hafenstadt doch noch abnehmen.

Für zukünftige militärische Vorhaben und für die angestrebte Modernisierung des Reiches war jedoch weitere Hilfe aus Westeuropa unabdingbar. Also machte sich der junge Herrscher mit einem Gefolge von über zweihundertfünfzig Begleitern im März 1697 auf den Weg nach Westen. Ein bemerkenswertes Ereignis, denn noch nie vorher hatte ein russischer Zar Westeuropa bereist, weshalb man die Reise auch lange geheimhielt. Während dieser »Großen Gesandtschaft« besuchte Peter im Laufe von siebzehn Monaten unter anderem Riga, Kurland, Königsberg, Cloppenburg, Zaandam (Holland), Amsterdam, England und Wien. Er warb nicht nur ausländische Fachkräfte an, sondern vergrößerte auch sein eigenes technisches Wissen und seine handwerklichen Fähigkeiten. In Amsterdam lernte er zum Beispiel, wie man bessere Schiffe baut, und daß »Schiff« für ihn gleichbedeutend war mit »Kriegsschiff«, kann man einem Brief entnehmen, den er dem Moskauer Patriarchen geschrieben hat: »Wir arbeiten, um das Seewesen zu erlernen, damit wir, kunstfertig geworden, einst als Sieger über die Feinde des Namens Jesu Christi heimkehren können und als Befreier der Christen ein Segen Gottes sind, was wir bis zum letzten Atemzuge wünschen.«[1] Aus dem Brief ist auch herauszulesen, daß Peter zunächst die Türken im Visier hatte. Er verwarf jedoch diesen Gedanken bald wieder, schloß mit den Türken Frieden und konzentrierte sich auf die Nordwestgrenze seines Reiches, wo er gegen die Schweden um die Vorherrschaft in der Ostsee kämpfen wollte.

Bereits im 13. Jahrhundert war die Küste am Finnischen Meerbusen von Russen und Schweden umkämpft. Damals lag das Moskowitische Reich noch in der Wiege und deshalb wurden die Interessen der Ostslawen von dem Nowgoroder Fürst Alexander Newskij vertreten. Ihm gelang es, die Schweden zu besiegen. Doch auch in der Folgezeit blieb dieses Gebiet umkämpft. Als Peter I. den russischen Thron bestieg, war der begehrte Küstenstreifen in schwedischer Hand. Im August 1700 erklärte Peter den Schweden den Krieg und machte kein Geheimnis daraus, daß es ihm bei diesem Krieg besonders um den Zugang zum Meer ging: »Welche Kraft haben Staaten, die Häfen besitzen, denn durch diese Arterie kann das staatliche Herz gesünder und einkömmlicher sein [...].«[2] Es verwundert also nicht, daß er sich bald nach dem Beginn des Nordischen Krieges dem »Wasserproblem« zugewandt hat. Zuerst mußte er zwar die Niederlage bei Narwa einstecken. Aber wie schon im Krieg gegen die Türken, forderte ihn das nur zu neuen und besser geplanten Angriffen heraus. Bereits im Sommer 1702 waren Livland und Estland, von Festungsanlagen abgesehen, in russischer Hand. Im Herbst desselben Jahres wurde die schwedische Festung Nöteborg am Ladogasee eingenommen. Sie war strategisch sehr wichtig, weil sie den Wasserweg vom Ladogasee zur Newa öffnete und das weitere Vordringen zur Ostsee ermöglichte. Bezeichnenderweise wurde die Festung nach ihrer Eroberung in »Schlüsselburg«

umbenannt. Nachdem also nun die Schlüsselburg in russischer Hand war, stand dem ungehinderten Zugang zur Ostsee nur noch eine kleine schwedische Festung nahe der Mündung der Newa in den Finnischen Meerbusen im Weg. Aber auch sie wurde von den russischen Truppen im Mai 1703 erobert.

Zusammen mit seinem Vertrauten, Alexander Menschikow, und einem französischen Ingenieur nahm sich Peter zwei Tage Zeit, um das Newa-Delta nach einer Insel abzusuchen, die sich für den Bau einer Festung eignen würde. Es war schließlich noch Krieg, die Schweden waren weiterhin eine ernstzunehmende Gefahr, und es mußte jederzeit mit einem Angriff gerechnet werden. Die Wahl fiel auf eine kleine Insel, die im Süden von der Newa und im Westen von zwei Newa-Armen, der Kleinen und der Großen Newa geschützt war. Im Norden machten sie weitläufige Sümpfe und ein weiterer Arm der Newa, die Große Newka, uneinnehmbar. Die exponierte Lage der Insel erlaubte es, den Zugang vom Finnischen Meerbusen her zu kontrollieren. Am 16. Mai 1703[3] fingen Tausende von Soldaten mit dem Bau einer Festung an. Zuerst wurden Erdwälle in Form eines Sechseckes aufgeschüttet und an den Ecken mit Befestigungsbauten aus Holz ergänzt. Dann wurde mit dem Bau einer Kirche begonnen, die in keiner russischen Festung fehlen durfte. Die Grundsteinlegung war im Juli, am Tag der Apostel Peter und Paul, und so wurde die Kirche diesen zwei Heiligen geweiht. Der Name der Kirche übertrug sich allmählich auf die Festung selbst. Die Ansiedlung, die um die Festung herum im Newa-Delta entstand, nannte Peter – nach seinem eigenen Namenspatron – Sankt Peterburg. Eigentlich hätte er gerne die holländische Variante dieses

Namens durchgesetzt. Da aber Sankt-Petersburch für die Russen kaum aussprechbar ist, blieb es bei dem nicht ganz so fremdklingenden »Peterburg«.

Die Anfänge der Stadtentwicklung

Das Newa-Delta ist mit seinen vielen Sümpfen und seinem rauhen Klima eine denkbar unwirtliche und ungünstige Gegend, um Menschen anzulocken und zu veranlassen, sich dort niederzulassen und mit viel Geld und Aufwand prachtvolle Paläste zu bauen. Es ist also nur verständlich, daß die bauliche Entwicklung anfangs nur schleppend vor sich ging und die Stadt zunächst fast ausschließlich von Militär, Handwerkern und Werftarbeitern bewohnt wurde, bis schließlich der wohlhabende Adel 1717 zwangsweise von Moskau nach Petersburg umgesiedelt wurde.

Nachdem der Platz für die Peter-und-Paul-Festung feststand, suchte Peter eine günstige Stelle für sein eigenes, provisorisches Haus. Da Petersburg in jener Zeit militärisch als noch nicht gesichert galt, hielt man es für angebracht, das einfache Blockhaus für Peter in der Nähe der Festung zu bauen, etwas weiter flußaufwärts, auf der Apotheker-Insel. Es folgten Holzhäuser für Generäle und die Residenz des Stadtgouverneurs. Auch die Truppen ließen sich auf der Apotheker-Insel nieder, direkt hinter der Peter-und-Paul-Festung. In unmittelbarer Nähe entstanden bald auch ein kleiner Hafen, einige Lagerhäuser und die für Rußland typischen Handelsreihen, in denen die verschiedensten Güter gehandelt wurden. Am linken Newa-Ufer, auf der sogenannten Moskauer Seite, ließ Peter einen Sommergarten anlegen, für den Bäume aus dem Ausland und aus allen Teilen Rußlands geliefert wurden und für den später aus Italien die wunderschönen barocken Marmorplastiken ankamen, die dort bis heute noch zu sehen sind. Weiter flußabwärts, gegenüber der Festung, siedelten sich einfache Soldaten, Matrosen, Offiziere der Flotte, Schiffskapitäne und holländische Schiffsbauer an.

Einen Einschnitt in die Entwicklung von Petersburg bedeutete die Schlacht bei Poltawa, in der 1709 die schwedische Armee vernichtend geschlagen wurde. Peter kommentierte diesen Sieg in einem Brief: »Jetzt ist wirklich ein Grundstein für den Bau von St. Petersburg gelegt worden.«[4] Nun hatte Peter endlich mehr Zeit für die Verwirklichung seiner Vision, den Bau einer Stadt nach westeuropäischen Vorbildern, denn die weitere Bautätigkeit am Newa-Delta mußte sich nicht mehr militärischen Anforderungen und Zwängen unterordnen.

Gleich im folgenden Jahr beauftragte Peter den Tessiner Architekten Trezzini mit dem Bau von zwei Palästen. Die Wahl eines nicht einheimischen Architekten war bewußt. Sie sollte den Bruch mit der traditionellen russischen Holzarchitektur und deren verschachtelten Grundrissen bewirken. Auch in den folgenden einhundert Jahren wurden alle bedeutenden Projekte ausschließlich von Italienern, Deutschen und Franzosen geplant. So ähnelt Petersburg einem Mosaik europäischer Städte und ist doch durch die reizvolle Mischung mit russischen Stilelementen und russischer Farbgebung einzigartig.

Trezzini lieferte Peter 1711 zwei Entwürfe. Wie es russischem Brauch entsprach, wurde der eine Palast in die weitläufige romantische Anlage des Sommergartens gebaut und in den Sommermonaten bewohnt. Der andere, etwas größere, entstand nur wenige Meter flußabwärts und wurde als

Winterpalast benutzt. Außer Peters Palästen entstand in der zweiten Dekade des achtzehnten Jahrhunderts noch ein weiteres Palais. Alexander Menschikow, der engste Vertraute Peters, ließ sich auf der Wassilij-Insel sein Domizil errichten, nachdem Peter ihm großzügig die ganze Insel geschenkt hatte.

Drei Paläste und zusammengewürfelte Siedlungen von Soldaten und Handwerkern sind noch keine Stadt, geschweige denn eine Metropole. Also ließ Peter 1712 den Hof, die Minister und die Botschafter von Moskau nach Petersburg kommen – die Vision von einer europäisch geprägten Hauptstadt am Meer sollte damit Wirklichkeit werden. Aber die Hoffnung, daß nun der finanzkräftige Adel den Beamten und Diplomaten folgen würde, erfüllte sich nicht. Also ließ Peter 1717 den wohlhabenden Adel per Gesetz nach Petersburg umsiedeln. Die adligen Familien wurden verpflichtet, Paläste für sich bauen zu lassen und für die allgemeine Bautätigkeit in der Hauptstadt eine jährliche Abgabe von dreihunderttausend Rubel zu leisten.[5] Es verwundert also nicht, daß die Bevölkerungszahl in Peters letzten Lebensjahren schnell auf 70 000 anstieg und die südöstliche Grenze der Stadt sich bis zum Fontanka-Fluß verschob.

Neue Gesetze, neue Schulen, neue Häuser

»Die dauerhaften Gesetze wurden aus einer großzügigen Gesinnung heraus, voll von Weisheit und Freundlichkeit, geschaffen; die früheren Erlasse waren dagegen meist grausam und eigensinnig und schienen mit der Knute geschrieben zu sein.«[6] So beurteilte Alexander Puschkin das Reformwerk Peters des Großen einhundert Jahre nach dem Tod des Reformators, und es lassen sich tatsächlich Brüche in Peters Gesetzeswerk erkennen. Die Reformen der ersten Hälfte seiner Regierungszeit ging Peter unter dem Druck der Kriegsgeschehnisse an. Im Vordergrund stand die Notwendigkeit, aus dem Land und seinen Bewohnern genug Geld für die geführten Kriege herauszupressen. Für die Geldbeschaffung ebenso wie für die Rekrutierung einer Unmenge neuer Soldaten war eine effektive Verwaltung notwendig, so daß Peter sich 1708 entschloß, sein riesiges Reich in acht Gouvernements zu unterteilen. Wegen der Feldzüge, auf denen sich Peter bis zum Sieg bei Poltawa die meiste Zeit befand, schuf er eine Behörde, die zuerst nur während seiner Abwesenheit die Regierungsgeschäfte führen sollte: »Wir verordnen, daß im Falle Unserer Abwesenheit der Regierende Senat für die Verwaltung da zu sein habe.«[7] Der Senat hatte die Aufgaben der Legislative, Exekutive und die des obersten Gerichtshofes zu übernehmen. Nach sieben Jahren mußte Peter einsehen, daß die Behörde mit den ihr übertragenen Aufgaben völlig überfordert war. Um den Senat zu entlasten, schuf er ein unabhängiges Organ der Legislative, die sogenannten Zwölf Kollegien. Die Kollegien waren – wie annähernd alles in Peters Reformwerk – nach westeuropäischem Muster konzipiert. Peter sah bei seiner ersten Auslandsreise, wie die Kollegien in Schweden, Dänemark, Preußen und Österreich die Regierungen unterstützten. Das schwedische System, daß sich auch während der langjährigen Abwesenheit von Karl XII. bewährte, kopierte er schließlich für Rußland. In diesen neu gegründeten »Fachministerien« ging es anfangs nicht sonderlich professionell zu, und Peter sah sich gezwungen, die Herren Minister zu mahnen: »Es sollte kein überflüssiges Reden oder Schwätzen geben, und man sollte sich nur zur gerade behandelten

Sache äußern. Außerdem, wenn einer zu sprechen begonnen hat, darf ihn ein anderer nicht unterbrechen, sondern muß ihn ausreden lassen. Alle sollten sich wie anständige Leute und nicht wie Marktweiber verhalten.«[8]

Mit den neu gegründeten Verwaltungsorganen kam Peter der Verwirklichung seines Wunsches nach einem modernen Staat einen Schritt näher. Allerdings fehlten auch hier gut ausgebildete Fachleute, so daß anfangs die russischen Beamten von ausländischen Kollegen unterstützt und angeleitet werden mußten. Sprachschwierigkeiten erschwerten die Arbeit, und Dolmetscher konnten auch nicht immer behilflich sein, weil es in der russischen Sprache die neuen Fachbegriffe noch gar nicht gab. Das Fehlen von Fachwissen bei den Senatoren und Ministern war nur eine der Schwierigkeiten beim Aufbau des neuen Staates. Ein mindestens ebenso großes Problem war die Bestechlichkeit der Beamten. Schon für die Staatsdiener der vorpetrinischen Zeit waren Bestechungsgelder eine selbstverständliche Aufbesserung ihres Lebensunterhaltes, und die Unterschlagung von Geldern war in Rußland von alters her gang und gäbe. An dieser Sitte konnte auch Peter nicht viel ändern, obwohl er mit strengsten Gesetzen und Strafen gegen die Korruption vorzugehen versuchte. So ließ er zwei Senatoren, die Gelder veruntreut und damit das Ansehen der gerade neu eingerichteten Institution in Mitleidenschaft gezogen hatten, öffentlich auspeitschen. Und weil sie den geleisteten Eid gebrochen hatten, wurden auch noch ihre Zungen mit glühenden Eisen bearbeitet. Doch selbst die schmerzlichsten Strafen hinderten die habgierigen Beamten nicht daran, den Bestechungsversuchen nachzugeben, so daß sich Peter genötigt sah, für Bestechung, Unterschlagung und Erpressung die Höchststrafe einzuführen. Er gab dem Generalprokuror die Anordnung, jeden Beamten hinrichten zu lassen, der sich auf Staatskosten bereichert. Der Generalprokuror Jaguschinski gab dem Zaren jedoch zu bedenken: »Aber gnädiger Herr, wollen Sie denn Kaiser ohne Bedienstete und Untertanen bleiben? Wir stehlen alle, nur einer mehr und merklicher als der andere.«[9] Der Einwand war durchaus berechtigt, denn selbst der engste Vertraute und Freund von Peter, Fürst Menschikow, mußte sich in mehreren Fällen wegen Unterschlagung verantworten.

Was immer Peter an Reformen anpackte, überall fehlte es ihm an Fachleuten. Schon die Niederlage im Krieg gegen die Türken in seinen ersten Regierungsjahren sah er als Folge veralteter Kriegsführung und unbrauchbarer Ausrüstung. Da zu jener Zeit die territoriale Erweiterung des Landes, neue Zugänge zu den Weltmeeren und der Bau der russischen Flotte für ihn ganz im Vordergrund standen, engagierte er schon während seiner ersten Europareise in den Jahren 1697/98 die Fachleute, die er in Rußland nicht finden konnte. Und das waren neben den Militärs Handwerker und Ingenieure aus allen Bereichen. Damit war der Mangel an gut ausgebildeten Fachleuten aber nur vorübergehend behoben. Eine dauerhafte Verbesserung war nur über eine Erneuerung des Bildungswesens zu erreichen. Neue Schulen mußten errichtet und neues Wissen vermittelt werden. Was als wissenswert zu gelten hatte, entschied Peter: Ingenieurwissenschaften, Kriegsführung, Navigation, Verwaltung.

Bis zur petrinischen Zeit lag die Bildung größtenteils in den Händen des konservativen, weltfremden und antiwestlich orientierten Klerus. Für Bauern und Leibeigene gab es überhaupt keine Ausbildungsmöglichkeiten. Nur Adlige hatten Zugang zu Priesterseminaren oder konnten von privaten Lehrern unterrichtet werden. Aber weder der Klerus, noch die Privatlehrer konnten den jungen Adeligen die Kenntnisse vermitteln, die der fortschrittliche Zar benötigte. Da die meisten jungen Adeligen weder das Schreiben noch die Arithmetik in ausreichendem Maße beherrschten, konnten sie auch weder im höheren militärischen Dienst noch in der Verwaltung eingesetzt werden. Deshalb wurde 1714 ein Gesetz erlassen, nach dem alle Söhne der Adeligen mit dem Erreichen des zehnten Lebensjahres in der Hauptstadt fünf Jahre lang eine weltliche Schule zu besuchen hatten. Nach Ablauf der Grundausbildung in Schreiben, Arithmetik und Geometrie waren die Adeligen schließlich zum Staatsdienst verpflichtet. Mit fünfzehn traten sie ihren fünfundzwanzig Jahre dauernden Militärdienst an und wurden während dieser Zeit in Akademien weiter ausgebildet. Dieser harte und gefährliche Dienst traf zwei Drittel der jungen Leute. Nur das verbleibende Drittel wurde der Zivilverwaltung zur Verfügung gestellt.

Ein Jahr nach der Einführung dieser Zwangsausbildung für Adelige wurde in St. Petersburg die Marine-Akademie eröffnet. Hier wurde die zukünftige Elite des Landes in Mathematik und Navigation geschult. Ein Zeitgenosse dazu: »Ich glaube, daß es keine einzige adlige Familie innerhalb der Grenzen des riesigen russischen Reiches gab, die nicht einen oder zwei ihrer Söhne über zehn und unter achtzehn hierhingeschickt hat. Wir sahen in St. Petersburg ganze Schwärme dieser jungen Zöglinge aus allen Teilen Rußlands ankommen. An dieser Akademie studiert gegenwärtig die Blüte des russischen Adels, die in den kommenden vier Jahren in allen Wissensbereichen unterrichtet wird, die zur Seefahrt gehören. Darüber hinaus wird sie in Fremdsprachen, im Fechten sowie in anderen Sportarten ausgebildet.«[10]

Der siegreiche Verlauf des Krieges gegen die Schweden beeinflußte nicht nur Peters Reformen, sondern auch die bauliche Entwicklung von St. Petersburg. Nach der entscheidenden Schlacht bei Poltawa im Jahre 1709 mußte Petersburg nicht mehr ausschließlich militärischen und logistischen Erfordernissen genügen. Die Stadt sollte auch von Zivilisten bevölkert werden, die ihrem sozialen Status und ihrem Beruf entsprechend Petersburg mit ihren Häusern ein besonderes Gepräge verleihen sollten. Das Stadtbild sollte gerade nicht dem einer typisch russischen Stadt gleichen, mit ihren krummen, engen Gassen und Holzpalästen inmitten ausgedehnter Grundstücke. Le Blond, ein Schüler Le Nôtres, entwarf 1717 einen Generalbebauungsplan für Petersburg. Trezzini schuf Pläne von Musterhäusern, die in ihrer unterschiedlichen Größe und ihrem Fassadenschmuck den sozialen Status des Auftraggebers widerspiegelten. Wohlhabende Bauherren und diejenigen in hohen Staatsämtern mußten sich ein zweigeschossiges Gebäude mit großen venezianischen Fenstern und einem Balkon über dem Haupteingang bauen lassen. Die Fassaden sollten durch weiße Pilaster gegliedert werden und die Fenster eine weiße Umrahmung bekommen. Selbst die Form des Daches war vorgegeben: Es sollte ein Mansardwalmdach mit kleinen Gauben sein. Schöne Beispiele dieser Musterhäuser sind bis heute das Menschikow- und das Kikin-Palais. Weniger prominente Auftraggeber durften nur eingeschossig bauen. Die Fenster waren kleiner und weniger verziert, das Dach ein einfaches Walmdach.

Der Bebauungsplan legte fest, in welchen Stadtteilen öffentliche Gebäude entstehen und welche Gegenden den unterschiedlichen Bevölkerungsschichten zugewiesen werden sollten. Die Wassilij-Insel war von Peter ursprünglich zum

Stadtzentrum bestimmt. Im westlichen Teil, zum Finnischen Meerbusen hin, sollten Regierungsgebäude und der Palast des Herrschers die mit Schiffen ankommenden Besucher begrüßen. Der Osten der Insel sollte das Zentrum der Wissenschaft werden. Das übrige Gelände war für Wohnhäuser wohlhabender Adeliger vorgesehen. Die Straßenzüge verliefen im Bebauungsplan parallel und im rechten Winkel zueinander, wobei die Hauptperspektive vom Finnischen Meerbusen in fast genau östlicher Richtung bis zur Strelka, der Ostspitze der Wassilij-Insel, geplant war. In der Mitte der großzügig angelegten Straßen sollten Kanäle entstehen, auf denen Schaluppen verkehren sollten – auf dem Kanal der Hauptperspektive sogar Seeschiffe, die, vom Finnischen Meerbusen kommend, den Hafen östlich der Wassilij-Insel hätten erreichen sollen. Die Wirklichkeit hat sich nicht ganz an diesen Plan gehalten. Während Peters Abwesenheit wurden die Kanäle zu schmal ausgehoben, so daß durch die kleineren Wasserstraßen gerade mal eine einzelne Schaluppe fahren konnte. Peter äußerte sich zu dieser Panne nur lakonisch: »Hol es der Teufel, es ist allzusammen verdorben!«[11]

Gegen die Wassilij-Insel als Stadtzentrum sprach, daß Peter absichtlich keine Schiffsbrücken über die Newa hatte bauen lassen, um so den Schaluppenverkehr zu fördern. Alle, die die Newa überqueren wollten, waren gezwungen, ein eigenes Boot zu benutzen. Nur die weniger Wohlhabenden durften einige von der Regierung zugelassene Fährschiffe nutzen. Der Bootsverkehr über die Newa erwies sich jedoch als sehr mühsam und gefährlich. Im Sommer und Herbst behinderten Stürme die Überfahrt, im Spätherbst und Frühjahr Eisschollen. Nur im Winter kam man ungehindert über die Newa zum anderen Ufer: Man spazierte über den gefrorenen Fluß. Die Wassilij-Insel war also die meiste Zeit des Jahres mehr schlecht als recht zu erreichen, und schon deshalb war es keine gute Idee, dort das Stadtzentrum zu errichten. Einige Vorhaben sind aber doch noch umgesetzt worden. Die Straßen – Linien und Prospekte genannt – verlaufen noch heute parallel und senkrecht zueinander. Im Osten der Insel ist mit dem ersten Museum Rußlands und der Akademie der Wissenschaften ein Zentrum der Wissenschaft entstanden. Schließlich ist auch ein Teil der Verwaltung auf der Wassilij-Insel angesiedelt worden. Das Gebäude der Kollegien, der von Peter gegründeten Fachministerien, in dem seit Anfang des neunzehnten Jahrhunderts die Petersburger Universität untergebracht ist, befindet sich an der Ostspitze der Insel.

Rundgang A: Der Sommergarten und das Sommerpalais Peters des Großen (Innenbesichtigung empfohlen) → Peter-und-Paul-Festung: Ein Staatsgefängnis (mit Innenbesichtigung der Kathedrale) → Kunstkamera (Kunstkammer): Das erste Museum Rußlands (keine Innenbesichtigung) [s. Seite 226]

Der Sommergarten und das Sommerpalais Peters des Großen

Der Sommergarten entstand nur ein halbes Jahr nach der Gründung der Peter-und-Paul-Festung auf einer Fläche von zwölf Hektar als regelmäßige, barocke Parkanlage. Mauerhohe Boskette, Orangerien, eine Grotte, Fontänen und italienische Marmorskulpturen, die Figuren aus der antiken

Mythologie darstellten, waren die Kulisse für zahlreiche Sommerfeste und Empfänge, zu denen Peter die Adeligen einlud. Ungewöhnlich war, daß auch die Ehefrauen und Töchter der adeligen Herren in das gesellschaftliche Leben einbezogen wurden. Am Moskauer Hof hatte es das nicht gegeben. Dort mußten die Frauen nach altrussischer Tradition geschützt vor fremden Blicken in ihren Gemächern bleiben. Diese gesellschaftlichen Treffen – im Winter in die Häuser der Adligen verlegt – dienten vor allem dazu, die Petersburger Gesellschaft mit den westeuropäischen Sitten bekannt zu machen. Peter steckte die feinen Damen und Herren per Gesetz in europäische Kleidung und Perücken und ließ die Damen den Begrüßungsknicks und das Menuett üben. Mahlzeiten wurden am Ufer der Newa eingenommen, wofür dort eigens Galerien gebaut worden waren (das wunderschöne schmiedeeiserne Gitter, das wir heute am Newakai sehen können, wurde erst Ende des 18. Jahrhunderts im Auftrag Katharinas II. vom Architekten Veldten errichtet). Statt des traditionellen Holzlöffels fanden die Gäste Messer und Gabel vor und der berühmte russische Tee und mit ihm auch der Samowar mußte dem bitter schmeckenden Kaffee in Porzellantassen weichen.

Die Marmorplastiken im Garten waren nicht nur Zierde, Peter nutzte sie auch als Anschauungsmaterial, wenn er seinen russischen Gästen ungeniert Nachhilfeunterricht erteilte und ihnen die antike Mythologie nahebrachte, die als Teil der westlichen Kultur früher der Zensur der orthodoxen Kirche zum Opfer gefallen war. Die Nacktheit der Göttinnen und Götter führte jedoch zu Verwirrung und Unverständnis, so daß Peter um seine wunderschöne, nackte Venus Angst bekam und sie immer von einem Soldaten bewachen ließ.

Das in der nordöstlichen Ecke des Sommergartens gebaute Sommerpalais war für größere Feste und Empfänge zu klein und auch gar nicht für solche Zwecke gedacht. Trezzini schuf hier für Peter kein Repräsentationsgebäude, sondern ein Zuhause für ihn und seine Familie, ganz deren Bedürfnissen und Peters Bevorzugung des Schlichten entsprechend.

Die Fassade wird lediglich durch zwei Reihen großer Sprossenfenster und den dazwischenliegenden Basreliefs gegliedert. Sie stammen von Andreas Schlüter, einem Architekten und Bildhauer, der sich bereits in Berlin mit Projekten wie dem Reiterdenkmal des Großen Kurfürsten Friedrich Wilhelm von Brandenburg oder den Basreliefs und Köpfen der sterbenden Krieger im Lichthof des Zeughauses einen Namen gemacht hatte. Er war einer der bedeutendsten Barockarchitekten nördlich der Alpen, mußte aber seinen Dienst bei Friedrich I. quittieren, weil der von ihm in Berlin errichtete Münzturm einstürzte. Der so in Ungnade gefallene Schlüter kam 1713 nach Petersburg, wo er schon im Jahr darauf – einigen Berichten zufolge wegen Überarbeitung – starb. Seine Basreliefs am Sommerpalast oberhalb der Fenster des Erdgeschosses glorifizieren mit allegorischen Darstellungen mythologischer Themen den Sieg der Russen im Nordischen Krieg.

Kleine Räume mit gemütlichen Delfter Kachelöfen und einfachen Möbeln waren typisch für Peters Geschmack, und bis heute ist vieles von der Originalausstattung erhalten. Die zehn Räume im Erdgeschoß gehörten Peter. In seinem Arbeitszimmer beeindruckt nicht nur eine Wetteruhr, die an Peters Leidenschaft fürs Segeln erinnert und die neben der Windrichtung auch Windstärke und Luftdruck anzeigt. Es ist auch eine Drehbank zu sehen, an der Peter mit Begeisterung drechselte. Da das für ihn die beste Art war, sich zu erholen, entstanden all die vielen kleinen und größeren Gegenstände aus Holz und Elfenbein, die heute in der Eremitage ausgestellt sind. Peters Tagesablauf war – wenn er sich nicht gerade auf einem Feldzuge befand – meist sehr regelmäßig und ganz von seiner Arbeit bestimmt. Er stand jeden Tag um vier Uhr auf und nahm noch im Morgenrock Berichte seiner Minister entgegen. Nach einem kleinen Frühstück ging er um sechs zur Admiralität, arbeitete dort ein, zwei Stunden und begab sich dann zum Senat. Gegen zehn Uhr kehrte er zu seinem Palais zurück, wo er bis zur Mittagspause an seiner geliebten Drehbank arbeitete. Um zwölf kündigten die Schüsse von der Peter-und-Paul-Festung die Essenszeit an. Dieser traditionsreiche Kanonenschuß wird bis heute abgefeuert. Nach dem Mittagessen ruhte Peter für zwei Stunden, um danach die Arbeit mit seinem Privatsekretär aufzunehmen oder irgendeiner anderen Beschäftigung nachzugehen. Am Abend besuchte er Freunde oder Gesellschaften. Wenn er in seinem Palais blieb, speiste er oft nur mit Katharina alleine. Kam zum Abendessen doch eine kleine Runde zusammen, waren es meist nie mehr als vierzehn Gäste, da der Eßtisch für höchstens sechzehn Gedecke ausgereicht hätte. Die Plätze durften beliebig eingenommen werden. Die zu spät kamen, konnten von Peter einen Satz wie diesen hören: »Meine Herren, nehmen Sie bitte Platz, soweit der Tisch reicht. Die übrigen wollen bitte nach Hause gehen und mit ihren Ehefrauen speisen.«[12] Bei privaten Mahlzeiten duldete Peter keinerlei Zeremoniell. Und selbst wenn einige Minister oder Gesandte unter den Gästen waren, bedienten nur der Oberküchenmeister, eine Ordonnanz und zwei Pagen, weil Peter Indiskretionen befürchtete, wie er sich einmal dem preußischen Gesandten gegenüber

Blick auf die Wassilij-Insel mit der Kunstkammer

äußerte: »Ich mag nicht, daß sie mich beobachten, wenn ich frei heraus rede ... Die Mietlinge, die Lakaien sehen einem bei der Tafel nur in den Mund, lauern auf alles, was man spricht, verstehen es krumm und erzählen es krumm wieder.«[13] Seine Lieblingsgerichte waren einfache, deftige Speisen wie Krautsuppe, Grütze, Spanferkel mit saurer Sahne, kalter Braten mit Gurken oder gesalzenen Zitronen, Salzfleisch, Schinken und Gemüse. Zum Dessert mochte er gerne Käse, vor allem Limburger. Fisch aß er nicht, weil er ihm nicht bekam. Vor dem Essen trank er etwas Anisschnaps, danach das traditionelle russische Getränk aus vergorenem Schwarzbrot, Kwas, oder auch ungarischen Rotwein.

Peter-und-Paul-Festung:
Ein Staatsgefängnis

Ursprünglich war die Peter-und-Paul-Festung konzipiert als Bollwerk gegen ein mögliches Vordringen der Schweden bis zur Newamündung. Da sie die Hauptverteidigungsanlage der Stadt war, wurden ab 1706 die Erdwälle nach und nach durch eine dicke Backsteinmauer ersetzt – durchaus nicht grundlos, denn die Schweden versuchten bis August 1708 noch einige Male, den verlorenen Küstenstreifen zurückzugewinnen. Allerdings kam der nördliche Nachbar nie so weit, daß die Kanonen der Festung hätten gezündet werden müssen. Nach der Zerschlagung der schwedischen Armee bei Poltawa verlor die Festung schließlich ihre Schutz- und Verteidigungsbedeutung und Peter, bekannt für seinen Pragmatismus, funktionierte sie zum Staatsgefängnis um. Ironischerweise war der erste prominente Häftling dieser Festung Peters eigener Sohn und einziger Thronfolger, Alexej.

Angelegt wurde die Festung ihrem Zweck entsprechend nach funktionalen und strategischen Gesichtspunkten. Als Ausnahme mag das Vorhandensein einer Kathedrale erscheinen. Tatsächlich entsprach dies jedoch einer alten russischen Tradition: In den kriegreichen Zeiten seit dem 12. Jahrhundert bauten Russen sogenannte Kreml, die als städtische Festungsanlage die Stadtbevölkerung in ihren Mauern aufnehmen konnten und auf deren Territorium die wichtigsten staatlichen und kirchlichen Einrichtungen untergebracht waren, darunter auch die Hauptkathedrale. Dieser Tradition folgte auch Peter. Nachdem Petersburg zur neuen Hauptstadt wurde und deshalb eine repräsentative Kathedrale brauchte, ließ er die 1703 aus Holz errichtete Peter-und-Paul-Kathedrale 1712 von Trezzini durch eine steinerne ersetzen.

1733 wurde die Peter-und-Paul-Kathedrale als eine dreischiffige, im schlichten, niederländischen Barockstil gebaute Hallenkirche fertiggestellt. In ihrem Grundriß wie in ihrer äußeren und inneren Gestaltung brach sie mit der Tradition sakraler Architektur des vorpetrinischen Rußland. Die Bauweise der russisch-orthodoxen Kirchen orientierte sich, seit Rußland 988 von Byzanz das Christentum übernahm, am Prototyp des orthodoxen Kirchenbaus, an der Hagia Sophia in Konstantinopel. Deshalb waren die Kirchen Rußlands sechs Jahrhunderte lang im Grundriß ein Zentralbau, dessen räumliche Konzeption vom Schnittpunkt gleich langer Raumachsen ausgeht und nach allen Seiten erweiterungsfähig ist. Über der Vierung schwebt die Hauptkuppel, die seit dem 15. Jahrhundert noch durch vier Kuppeln über den Enden der zwei gleichlangen Kreuzarme ergänzt wird. Dieser Kirchentypus, Kreuzkuppelkirche genannt, war bis zur petrinischen Zeit für die sakrale Bautätigkeit bindend. Peter aber verzichtete beim Bau seiner neuen Metropole mit Absicht auf russische Zwiebeltürme und mit Fresken geschmückte, dunkle, quadratische Kirchenräume. Er wählte einen durch Zurückhaltung in den Stilmitteln elegant wirkenden Kirchenbau, der die Petersburger Gesellschaft an die wirtschaftlich prosperierenden Niederlande erinnern sollte: Eine Kirche mit politischer Aussage – Aufruf und Mahnung, den neuen russischen Staat zu schaffen.

Das Innere der Kirche ist ebenso schlicht wie untypisch: keine Freskenmalerei, keine schmalen, nur wenig Licht hereinlassenden Fenster, keine Kuppelwölbung, die den Himmel symbolisiert – statt dessen ein lichterfüllter, weiter Raum, dessen Wände mit pastellfarbenem Stuckmarmor, großen Fenstern und Kopien der im Nordischen Krieg erbeuteten Standarten geschmückt ist. Die Ikonostase erinnert eher an ein Triumphtor, als daß sie die Mysterien des Gottesdienstes vor den Blicken der Gemeinde schützen könnte. Das war in dieser Kathedrale auch nicht nötig, denn hier sollte kein Gottesdienst gefeiert werden, hier sollten die Mitglieder der russischen Zarenfamilie ihre letzte Ruhestätte finden. Von Peter dem Großen an sind in der Kathedrale alle russischen Zaren beigesetzt, mit Ausnahme von Peter II. und Iwan VI. Die Gebeine von Nikolaus II. und seiner Familie wurden erst im Juli 1998 in eine Seitenkapelle der Kathedrale überführt, nach zahllosen gentechnischen Untersuchungen und heftigen Diskussionen in der russischen Gesellschaft.

Für das Grab Alexejs, des einzigen Sohnes Peters des Großen, der das Mannesalter erreichte, wurde eine düstere Ecke seitlich der Vorhalle am Eingang ausgesucht. Diesen für einen Thronfolger nicht gerade ehrenvollen Platz erhielt er wegen seines vermeintlichen Hochverrats. Dabei war Alexej nur ein schwächlicher, kränkelnder, unpolitischer und an Kriegen desinteressierter Genießer, auch wenn ihn sein Vater als mißraten, faul, hinterhältig und gefährlich einschätzte. Gefährlich schien er nicht nur wegen seiner Abneigung gegen die petrinischen Reformen, sondern auch, weil er für alle aufrührerischen Elemente und Widersacher Peters das alte Gedankengut und die Moskowitischen Sitten verkörperte und weil all diejenigen in ihn ihre Hoffnungen setzten, die eines Tages Peters Reformen rückgängig machen wollten. Der Konflikt zwischen Vater und Sohn verschärfte sich im Herbst 1715, als Peter seinem Sohn ein Ultimatum stellte: »Wenn ich mir aber meine Nachfolge vor Augen halte, vergehe ich fast vor Kummer über das, was die Zukunft bescheren wird, da ich erleben muß, daß Du, mein Sohn, alle Mittel zurückweist, mit denen Du Dich in die Lage versetzen könntest, nach mir zu regieren. Ich behaupte, daß Deine Unfähigkeit gewollt ist, denn Du kannst Dich nicht damit entschuldigen, daß Du körperliche Mängel hättest oder Dir die Kräfte fehlten. Obwohl Deine Konstitution nicht die stärkste ist, kann man doch nicht sagen, sie sei insgesamt zu schwach.

Du willst nicht einmal zuhören, wenn man von Kriegen oder militärischen Übungen spricht, obwohl wir uns gerade durch die aus dem Zustand der Bedeutungslosigkeit herausgehoben und uns bei Nationen bekannt gemacht haben, deren Achtung wir im Augenblick genießen. [...] Du sagst, daß die Schwäche Deines Gesundheitszustandes Dir nicht erlaubt, die Strapazen des Krieges zu ertragen. Diese Entschuldigung ist nicht zu billigen. Ich wünsche nicht, daß Du Dich Strapazen unterziehst, sondern daß Du Liebe zur Sache beweist, was durch Krankheit nicht verhindert werden kann. [...] Ich bin ein Mensch, und folglich muß ich sterben.

Und wer soll nach mir vollenden, was ich erst zum Teil geschaffen habe? Ein Mann, der wie der faulste Leibeigene seine Begabung versteckt – das heißt, der sich weigert, das Beste aus dem zu machen, was Gott ihm anvertraut hat? [...] Ich will noch ein wenig warten, um zu sehen, ob Du Dich bessern wirst. Wenn nicht, sollst Du wissen, daß ich Dich von der Thronfolge ausschließen werde, wie man sich ein nutzloses Glied abschneidet [...]«.[14]

Peter bekam auf seinen Brief eine Antwort, mit der er nicht gerechnet hatte und die sein Mißtrauen nur schürte: Daß Alexej freiwillig auf den Thron verzichten wollte, konnte er nicht glauben. Also schrieb Peter einen zweiten Brief, in dem er seine Zweifel darlegte: »Kann man sich auf Deinen Eid verlassen, wenn man sieht, daß Dein Herz unempfindlich ist? König David sagte: ›Alle Menschen sind Lügner.‹ Doch gesetzt den Fall, Du hättest im Augenblick tatsächlich die Absicht, Deine Versprechungen zu halten, könnten jene ›Großbärte‹ [Anhänger alter Traditionen] Dich nicht nach ihrem Belieben beeinflussen und Dich am Ende dazu verleiten, Deine Versprechungen nicht einzuhalten? [... sie hoffen], daß sich ihre Lage eines Tages durch Dich verbessern wird, weil Du ihnen jetzt viel Sympathie entgegenbringst. [...] Du tadelst und verabscheust alles Gute, was ich auf Kosten meiner Gesundheit für mein Volk und dessen Wohlergehen tue. Und ich habe allen Grund zu glauben, daß Du es zerstören wirst, wenn Du mich überlebst. Und deswegen kann ich mich nicht dazu entschließen, Dich nach Deinem eigenen freien Willen wie ein Amphibienwesen, weder Fisch noch Fleisch, weiterleben zu lassen. Ändere also Dein Verhalten und arbeite mit Feuereifer daran, der Thronfolge würdig zu sein, oder werde ein Mönch. Ich kann keinen Frieden finden, bevor Du Dich nicht entschieden hast, vor allem jetzt nicht, wo meine Gesundheit immer mehr angegriffen ist.«[15]

Peters Fassungslosigkeit war maßlos, als Alexej darauf antwortete, lieber die Mönchskutte tragen zu wollen, als dem Staat und Peters Ideen zu dienen. Auch mit dieser Antwort konnte sich Peter nicht zufriedengeben, und sein Sohn bekam nochmals Bedenkzeit. Alexej vergaß vorübergehend seine unangenehme Lage, bis der Vater ein halbes Jahr später zum wiederholten Male eine Entscheidung verlangte. Alexej mußte einsehen, daß sein Vater ihm wohl nie das Leben eines Privatmannes erlauben würde, und an einem Leben hinter Klostermauern war er dann doch nicht interessiert. Er beschloß, eine Abwesenheit seines Vater zu nutzen und ins Ausland zu fliehen. Da der habsburgische Kaiser Karl VI. sein Schwager war, bat er in Wien um Asyl. Er tauchte mit seiner Mätresse in der Abgeschiedenheit Tirols unter, aber auch hier war er vor dem Zorn seines Vaters nicht sicher. Es dauerte nicht lange, bis ihn die Boten seines Vaters gefunden und ihm einen Brief überreicht hatten, in dem er aufgefordert wurde, nach Rußland zurückzukommen. Gleichzeitig versicherte ihm sein Vater, daß ihm nach seiner Rückkehr nichts passieren würde: »Solltest Du Angst vor mir haben, versichere ich Dir – und ich verspreche es vor Gott und Seinem Gericht – daß ich Dich nicht bestrafen werde.«[16] Dieses Versprechen hielt Peter nicht, und nach langen Untersuchungen und grauenhaften Folterungen floß in Moskau wieder Blut. Die Moskauer wurden an die grausame Bestrafung der Strelizen[17] erinnert. Nur wurden dieses Mal am Roten Platz Alexejs Vertraute, Mitglieder des Hochadels, öffentlich hingerichtet, mit denen er keineswegs einen Umsturz geplant, sondern denen er lediglich das schwierige Verhältnis zu seinem Vater geklagt hatte. Alexej blieb zunächst verschont, bis

Sommerpalais Peters des Großen im Sommergarten

man ihn nach Petersburg brachte, in der Peter-und-Paul-Festung einkerkerte und vor den Augen seines Vaters folterte. Ein Gericht aus weltlichen Würdenträgern und ein zweites aus höchsten Amtsträgern der Kirche sollte über Alexej richten, dem Peter Hochverrat vorwarf. Die Geistlichkeit wich einem konkreten Urteil aus, die weltlichen Würdenträger befanden Alexej des Hochverrats für schuldig und verurteilten ihn zum Tode. Das Urteil mußte jedoch nicht vollstreckt werden, da Alexej, durch tagelange Folter geschwächt, wahrscheinlich an deren Folgen starb.

Kunstkamera (Kunstkammer): Das erste Museum Rußlands

Peter interessierte sich schon während seines ersten Aufenthaltes in Westeuropa nicht nur für den Schiffsbau und moderne Militärtechnik. Er fand auch noch Zeit, sich mit verschiedenen Bereichen der Naturwissenschaft zu beschäftigen. Mit Begeisterung verfolgte er Vorlesungen des Anatomieprofessors Ruysch, noch lieber aber war er im Sezieroder Operationssaal. Später trug Peter immer auch ein Etui mit chirurgischen Instrumenten bei sich, und niemand war sicher vor seinen »Kunstfertigkeiten« auf diesem Gebiet. Erst bei seiner zweiten Reise durch Westeuropa 1717/18 beschäftigte sich Peter ernsthaft mit der Frage, wie die Wissenschaften und die schönen Künste ins Land gebracht und einem möglichst breiten Publikum zugänglich gemacht werden könnten. Er interessierte sich für die Arbeit der Pariser Akademie der Wissenschaften, zu deren Mitglied er nach seiner Abreise aus Paris gewählt wurde. In Amsterdam besuchte er öffentliche und private Kuriositäten-Kabinette.

Sein Interesse und seine Begeisterung waren so groß, daß er – obwohl in den meisten Dingen sehr sparsam – eine beträchtliche Geldsumme für den Erwerb zweier Privatsammlungen bereitstellte. Die eine Sammlung erwarb Peter von Professor Ruysch, den er bereits von seinem ersten Aufenthalt in Amsterdam kannte. Sie bestand aus 800 anatomischen Exponaten – menschlichen Körperteilen und Organen, Embryos und Abnormitäten –, die Ruysch im Verlauf von vierzig Jahren zusammengestellt hatte. Ruysch war in ganz Europa für das von ihm entwickelte Verfahren bekannt, mit dem er menschliche Körperteile und sogar ganze Leichen mit Hilfe von Chemikalien konservieren und dadurch ihr ursprüngliches Aussehen bewahren konnte. Die zweite Sammlung stammte aus dem Besitz des holländischen Apothekers Seba und enthielt alle bekannten Land- und Seetiere und Insekten aus Ost- und Westindien.

Die beiden Sammlungen bildeten den Grundstock des in den folgenden Jahren rasch wachsenden ersten Museums Rußlands. Die Exponate wurden der Öffentlichkeit erstmals im sogenannten Kikin-Palais zugänglich gemacht. Das Palais gehörte ehemals Alexander Kikin, der Peter auf der »Großen Gesandtschaft« begleitet und sich in einer steilen Karriere bis zum Direktor der Admiralität hochgedient hatte. So weit, so gut, wäre er nicht auch Alexejs Ratgeber und Vertrauter gewesen. Als sich die Auseinandersetzungen zwischen Alexej und seinem Vater zugespitzt hatten, riet Kikin Alexej Rußland zu verlassen: »Wenn Sie sich in Karlsbad erholt haben, schreiben Sie Ihrem Vater, daß Sie die Medikamente im nächsten Frühjahr noch einmal nehmen müssen. In der Zeit davor können Sie nach Holland gehen, und anschließend, nach der nächsten Kur, nach Italien. So können Sie wenigstens zwei bis drei Jahre verbleiben.«[18] Alexej beschloß, lieber gleich im Ausland unterzutauchen, und Kikin warnte ihn: »Denk daran, wenn Dir Dein Vater jemanden schickt, der Dich zur Heimkehr überreden soll, laß Dich auf keinen Fall mit ihm ein. Der Zar wird dich öffentlich enthaupten lassen.«[19] Kikin behielt Recht mit seiner Einschätzung. Alexej wurde sofort nach seiner Rückkehr nach Rußland im Januar 1718 verhaftet und mit ihm auch seine Vertrauten. Kikin wurde – gleich nachdem Alexej seinen Namen preisgab – um Mitternacht von einem Offizier aus dem Bett gezerrt, in Ketten gelegt und in Begleitung von fünfzig Gardeoffizieren weggeschleppt. Das Urteil sah einen langsamen und qualvollen Tod vor. Die Folterungen wurden immer wieder unterbrochen, um das Leiden in die Länge zu ziehen. Schließlich bat Kikin Peter den Großen um Gnade. Sie wurde ihm gewährt – er starb eines schnellen Todes durch Enthaupten. Sein prächtiges Palais fiel an die Krone, und Peter ließ dort – wie oben erwähnt – die im Ausland erworbenen Exponate ausstellen. Zur Sammlung gehörte auch der berühmte Gottorper Globus, den Peter 1713 geschenkt bekam. Damals war dies der größte Globus der Welt. Adam Busch fertigte ihn 1664 unter Anleitung von Adam Olearius für den Herzog von Holstein-Gottorp, Friedrich III. Der Globus war eine doppelwandige Kugel aus Kupfer mit einem Durchmesser von 3,17 Metern. Die äußere Hülle stellte die Erdkugel da, die innere den Sternenhimmel. Bei einem Brand 1747 wurde der Globus bis auf sein eisernes Gestell zerstört. Aus dem metallenen Gerippe stellte der Engländer Scott einen neuen Globus her, der bis heute im Gebäude der Kunstkammer zu besichtigen ist. Das Originelle an diesem Ausstellungsstück war, daß die Besucher in den Globus hineingehen konnten: »So wie Erdboden mit seinen Meeren, Seen, großen Flüssen, Inseln, Gebirgen,

Ländern und Hauptstädten von außen auf diesem Globus nach ihren Längen und Breiten gezeichnet und beschrieben stehen, so ist inwendig das Gestirn der beiden Hemisphären mit eingeschlagenen goldenen Sternen nach ihren verschiedenen Größen auf das genaueste vorgestellt. Dieses zu betrachten, begibt man sich auf einem Antritt von etlichen Stufen inwendig in den Globus, wo um einen runden Tisch, auf welchen ein brennendes Licht gesetzt wird, bequeme Bänke ringsherum für zehn bis zwölf Personen und eine Handhabe angebracht sind, mit welcher man vermittelst der archimedischen Schraube ganz leicht den Globus in Bewegung um seine Achse bringt, und also unbeweglich sitzend das sämtliche Gestirn über sich fortrücken sieht.«[20]

Peter war sehr stolz auf das Raritätenkabinett und darum bemüht, möglichst viele Besucher in das Museum zu locken. Eintritt wollte er nicht verlangen, denn: »wer würde sich wohl um meine fremden Naturalien kümmern oder meine Raritätenkammer zu sehen verlangen, wenn er noch Geld dafür bezahlen müßte? – Vielmehr verordne ich hiermit, daß nicht nur jedermann umsonst hineingelassen, sondern noch dazu allzeit, wenn sich eine Gesellschaft einfindet, die Naturalien- und Kunstkammer zu besehen, sie auf meine Kosten mit einer Tasse Kaffee, mit einem Gläschen Wein, mit einem Schälchen Branntwein oder andern Erfrischungen in den Raritätenkammern selbst bewirtet werden sollen.«[21] Dafür stellte Peter dem Bibliothekar (zur Kunstkammer gehörte auch eine wissenschaftliche Bibliothek) und Oberaufseher der Naturalien- und Kunstkammer, Herrn Rat Schumacher, einen jährlichen Etat von vierhundert Rubel zur Verfügung.

Das neue Gebäude der Kunstkammer entstand auf der Wassilij-Insel. Es ist ein schönes Beispiel für den frühen sogenannten petrinischen Barock, der durch zurückhaltenden Fassadenschmuck gekennzeichnet ist.

Ausflug: Peterhof – Das russische Versailles

Peterhof, an der Südküste des finnischen Meerbusens gelegen, wurde in der petrinischen Zeit zur ersten offiziellen Sommerresidenz der russischen Zaren. Peter I. besaß zwar einen kleinen Sommerpalast mit ausgedehnten Parkanlagen in der Stadt, aber diese städtische Sommerresidenz genügte den repräsentativen Anforderungen nicht. Auch das Klima in den sehr kurzen und sehr drückenden Sommern lud nicht zum Bleiben ein, sondern zum Aufenthalt jenseits der Stadtgrenze, am besten in der Nähe einer erfrischenden Meeresbrise. Peter, sein Leben lang von Wasser fasziniert, begann die Gegend, die ihm bei seinen regelmäßigen Inspektionsfahrten zu den Bauarbeiten an der Festung Kronstadt aufgefallen war, genau zu erforschen. Auf dem Gelände, etwa vierhundert Meter landeinwärts parallel zur Küste, verläuft ein knapp zwanzig Meter hoher Hügelkamm, von dem aus sich dem Betrachter eine phantastische Seesicht eröffnet. Eine Aussicht, die Peter später stolz jedem Besucher zeigte, mit dem Hinweis: »In Versailles haben sie eine solche herrliche Sicht wie hier nicht – das Meer mit Kronstadt auf der einen Seite und auf der anderen St. Petersburg.«[22] Außer einer schönen Seesicht wollte Peter einen Park mit Fontänen nach Versailler Vorbild. Das Wasser hierfür fand man im nahegelegenen Hinterland. Der Fluß Ropscha wurde über kilometerlange Holzleitungen zu den Fontänen von Peterhof geleitet.

Le Nôtre, Begründer der französischen Gartenkunst und

Architekt der Gartenanlagen von Versailles, war zum Zeitpunkt der großen petrinischen Bauvorhaben bereits tot. Peter gelang es aber, einen Schüler von Le Nôtre zu verpflichten, den in jener Zeit schon berühmten Architekten Le Blond. 1717 kam er nach Petersburg und arbeitete für ein jährliches Honorar von fünftausend Rubel als Generalarchitekt des Zaren. Unter anderem hatte sich Le Blond auch um die Parkanlage von Peterhof zu kümmern, was ihm, wie ein Augenzeuge[23] berichtet, zum Verhängnis wurde. Le Blond nahm sich eines Tages die wild wuchernden Bäume des unteren Gartens vor. Sie sollten nach dem Vorbild barocker Gartenkunst auf gleiche Höhe und in gleiche Form geschnitten werden. Als die Arbeit in vollem Gange war, übersandte Menschikow dem Zaren eine Nachricht, in der er fälschlicherweise – vielleicht aus Bosheit oder Eifersucht – behauptete, Le Blond würde die Bäume des Parks abholzen lassen. Peter, dem jeder Baum in der morastigen Gegend lieb und teuer war, kam am folgenden Tag zornerfüllt nach Peterhof, um den Schaden anzusehen. Unglücklicherweise lief Le Blond dem Zaren in die Arme, noch ehe Peter feststellen konnte, daß Menschikows Nachricht falsch war. Außer sich vor Wut, schlug Peter mit seinem Spazierstock auf den Generalarchitekten ein und beschimpfte ihn aufs Übelste. Le Blond, physisch malträtiert und von einem solchen Umgang erschüttert, bekam einen Fieberanfall. Als Peter den wahren Sachverhalt erfuhr, entschuldigte er sich bei Le Blond und beteuerte ihm seine ewige Verbundenheit. An dem schlechten Gesundheitszustand Le Blonds änderte das nichts. Der Generalarchitekt kränkelte weiter und starb im nächsten Jahr – wie es hieß an Pocken.

Von der Gesamtanlage der Sommerresidenz Peterhof haben nur Peters Lieblingsschlößchen Monplaisir und kleinere Bauten wie die Eremitage und Marly ihren ursprünglichen Zustand beibehalten. Das große Schloß wurde während der Regierungszeit von Elisabeth, Peters Tochter, erweitert und umgebaut. Rastrelli, ihr Lieblingsarchitekt, beließ die Fassade im frühbarocken, petrinischen Stil. Im Innern wurde aber alles, bis auf Peters Arbeitszimmer, das sogenannte »Eichenholzkabinett«, im russischen Barockstil neu gestaltet.

Das Lustschlößchen Monplaisir war wegen seiner Nähe zum Meer und seiner Schlichtheit – es ist im holländischen Stil erbaut – Peters liebster Aufenthaltsort. Die wenigen, weitgehend kleinen Räume sorgten für eine intime Atmosphäre. Für seitliche Galerien erwarb Peter holländische und flämische Gemälde mit maritimen Themen. Er machte damit den Anfang des unter Katharina II. zur Tradition gewordenen Gemäldesammelns. Er bevorzugte – seiner Leidenschaft entsprechend – Bilder mit maritimen Motiven. Peters Lieblingsmaler war Adam Silo, der nicht nur Künstler, sondern auch ein altgedienter Seemann war. Außer in Monplaisir hängen seine Bilder auch noch in Peters Sommerpalais in Petersburg. Im einzigen großen Saal von Monplaisir fanden oft Trinkgelage statt, eine Tradition, die Peter gerne pflegte: »Dem Zaren fiel auf, daß an den Tischen, wo die Minister saßen, nicht alle den kredenzten Wein tranken ... Seine Majestät wurde sehr zornig und befahl, jeder müsse zur Strafe ein ungeheures Glas voll ungarischen Weines leeren ... Ich glaube, dem Wein wurde Wodka beigemischt ... Der große Admiral Apraksin war so betrunken, daß er tot umfiel. Es gab sehr wenige, die nicht völlig betrunken waren, und wollte ich all die dummen Streiche schildern, die während all der langen Stunden gemacht wurden, könnte ich Seite um Seite füllen.«[24]

Gäste betrunken zu machen ist eine alte russische Tradition, der alle Gesellschaftsschichten verpflichtet waren. Diesen Brauch beschreibt auch der schottische Offizier Peter Henry Bruce, der während Peters Regierungszeit einige Jahre in russischen Diensten stand: »[...] zu den Belustigungen erscheinen nur Männer; [...] der Gastgeber ermuntert alle zum Trinken, denn es würde als Unhöflichkeit ausgelegt werden, wenn einer der Gäste das Haus verlassen würde, ohne betrunken zu sein.«[25]

Nach Peters Tod wurde Monplaisir voller Ehrfurcht im ursprünglichen Zustand belassen, so daß der Archidiakon Coxe noch sechzig Jahre nach dem Tode des Bauherrn berichten konnte: »Da Haus und Möbel aus einer Art religiöser Verehrung im Originalzustand erhalten worden sind, können wir uns in etwa eine Vorstellung machen von der schlichten und frugalen Einfachheit, in der dieser Monarch zu leben pflegte [...] Es besteht aus Ziegeln, ist eingeschossig und mit Eisen überdacht; die Fenster reichen vom Boden bis zur Decke, was, zusammen mit der Länge und Niedrigkeit des Gebäudes, den Eindruck eines Treibhauses erweckt. Der bewohnbare Teil besteht aus einem Saal und sechs kleinen Zimmern, die alle auf das sauberste und einfachste eingerichtet sind. Die Kaminsimse sind mit merkwürdigem, altem Porzellan geschmückt, das er höchlich schätzte, da es nach Rußland gebracht wurde, gleich nach der Eröffnung des Verkehrs mit China.«[26]

II. HERRSCHAFT DER FRAUEN

Mit dem Tod Peters des Großen endet eine Zeit, die bei den Untertanen des allmächtigen Herrschers für gemischte Gefühle gesorgt haben dürfte. Die Menschen hatten genug von den Belastungen der vielen Kriege und den unzähligen Neuerungen, die sie nur zähneknirschend befolgten. Eine allgemeine Hoffnung auf ruhigere Jahre machte sich breit. Für die städtebauliche Entwicklung Petersburgs bedeutete Peters Tod ebenfalls eine Wende. Nach einer Bautätigkeit, die überwiegend dem Funktionalen verpflichtet war und in deren vergleichsweise unaufwendiger Ästhetik sich auch etwas von der fast krankhaften Sparsamkeit des Monarchen widerspiegelte, folgte unter Peters Tochter Elisabeth eine Architektur grenzenloser Verschwendung. Für das Wachstum und die Entwicklung der Stadt war das durchaus kein Nachteil. Ungeachtet der Dunkelheit der Nächte und der klirrenden Kälte im Winter, bei der die Baumaterialien mit viel Aufwand ständig beheizt werden mußten, wurde an den kaiserlichen Bauprojekten ohne Unterbrechung gearbeitet. Über das Ausmaß der Bautätigkeit, die auch unter der Regierung Katharinas II. nicht nachließ, äußerte sich die neue Kaiserin in ihrem Brief an Friedrich Melchior von Grimm: »Sie wissen, daß die Bauwut hier schlimmer tobt denn je, und kein Erdbeben hätte mehr Häuser zerstören können als wir errichten. Das Bauen ist eine Krankheit wie die Trunksucht und auch eine Art von Gewohnheit.«[27]

Elisabeths barocke Lebenslust

Elisabeth mußte sich sechzehn Jahre gedulden, bis sie schließlich das väterliche Erbe antreten durfte. Vor ihr bestiegen zunächst ihre Mutter, Katharina I., danach der eher unbedeutende Peter II. und schließlich Anna Ioanowna, Elisabeths Halbcousine, den russischen Thron. Als Elisabeth mit zweiunddreißig Jahren zum vierten Mal übergangen wurde und der minderjährige Großneffe von Anna Ioanowna, Iwan VI., die kaiserliche Krone verliehen bekam, ergriff sie schließlich die Initiative. Mit Unterstützung ihrer Verbündeten und des Preobraschenskij-Regimentes ließ sie in einer nächtlichen Aktion Iwan samt Eltern verhaften. Die Erinnerungen an diese Nachtereignisse und die damit verknüpften Ängste veranlaßten Elisabeth in den folgenden Jahren, die Nacht zum Tage zu machen, so daß sie erst in den Morgenstunden zu Bett ging: »Es ist oft vorgekommen, daß die Höflinge bis zwei Uhr nach Mitternacht Karten [mit Elisabeth] gespielt hatten (das war ihr einziges Vergnügen), und dann, wenn sie grade zu Bett gegangen und eingeschlafen waren, weckte man sie und forderte sie auf, zum Souper Ihrer Majestät zu erscheinen.«[28] Die Ungewißheit, ob nicht auch ihr jemand nach dem Leben trachtete, führte dazu, daß keiner in ihrer Umgebung genau wissen sollte, in welchem ihrer vielen Paläste sie die nächste Nacht verbringen würde. Noch vier Jahre nach dem Umsturz berichtete der englische Minister Lord Hyndford in einem Brief: »Elisabeth ist das Opfer solcher Angst, daß sie selten länger als zwei Tage an einem Ort bleibt, und nur wenige wissen, wo sie schläft.«[29]

Schon in ihrer Jugend genoß Elisabeth das Leben und schätzte Bälle und andere Feste als angenehme Ablenkung.

Auch ihre Verpflichtungen als Kaiserin änderten daran nichts. Sie verbrachte weiterhin viel Zeit mit den verschiedensten Amüsements, nur daß sie jetzt prächtiger und glanzvoller ausfielen. Neben Theater- und Opernbesuchen, für die zwei Wochentage reserviert waren, und Ballabenden, die ebenfalls mindestens zweimal wöchentlich stattfanden, müssen der Zarin Maskenbälle ein besonderes Vergnügen bereitet haben. Jeden Dienstag wurden sie am Hofe in »kleiner« Runde mit »nur« bis zu zweihundert Gästen veranstaltet. Zu diesen Bällen mußten die Männer in Frauenkleidern erscheinen und die Damen trugen Männerkleidung: enge, knielange Beinkleider, lange Seidenstrümpfe, Hemden mit Spitzenjabots und enge Gehröcke mit langen Rockfalten. Vor allem bei den Herren dürfte sich der Spaß in Grenzen gehalten haben. Die Reifröcke der damaligen Krinolinen-Kleider konnten einen Durchmesser von anderthalb Metern haben, und es war nicht gerade einfach, sie so zu handhaben, daß man nicht ständig irgendwo anstieß, andere anrempelte oder einfach nur durch eine Tür hindurchkam. Katharina II. schrieb später in ihren Memoiren, daß die Kaiserin wohl die einzige war, die sich an diesen Abenden amüsierte: »Den Herren waren diese Tage der Metamorphose nicht eben angenehm; die meisten waren vielmehr in der schlechtesten Stimmung, weil sie fühlten, wie häßlich sie ihr Anzug machte. Die Frauen wiederum sahen aus wie magere kleine Jungen oder wurden – besonders die älteren – durch ihre dicken und kurzen Beine nicht gerade verschönert. Nur die Kaiserin selbst erschien wirklich schön und vollkommen als Mann. Da sie groß und etwas stark war, stand ihr die männliche Kleidung vortrefflich. Sie besaß das schönste Bein, das ich je an einem Menschen gesehen und einen vollkommen proportionierten Fuß. Sie tanzte mit vollendeter Kunst und hatte in allem was sie tat eine eigenartige Grazie, gleichviel ob sie als Frau oder als Mann gekleidet war [...] Eines Tages sah ich sie auf einem dieser Bälle Menuett tanzen. Als sie fertig war, kam sie auf mich zu, wobei ich mir die Freiheit nahm, ihr zu sagen, es wäre ein wahres Glück für die Frauen, daß sie kein Mann sei, und schon ein so von ihr gemaltes Bild würde allen den Kopf verdrehen. Sie nahm meine Bemerkung sehr wohl auf und erwiderte auf die anmutigste Weise in demselben Ton, wäre sie ein Mann, so würde sie niemand als mir den Apfel reichen. Ich verbeugte mich, um ihr auf ein so unerwartetes Kompliment die Hand zu küssen, aber sie kam mir zuvor und küßte mich, worauf die ganze Gesellschaft ausfindig zu machen suchte, was zwischen uns vorgefallen sei.«[30]

Trotz der häufigen Feste und wegen der eher oberflächlichen Handhabe der Regierungsgeschäfte blieb Elisabeth genug Zeit, sich mit der planmäßigen Bebauung und Weiterentwicklung der Stadt zu befassen. Unvollendete Projekte aus der petrinischen Zeit wie das Gebäude der Zwölf Kollegien, der Kunstkammer oder der Admiralität waren noch unter Anna Ioanowna fertiggestellt worden. Mit Elisabeths Bautätigkeit begann nun eine neue Periode in der Baugeschichte St. Petersburgs. Sie war geprägt von ihrer ausschweifenden Lebensart und den Einflüssen des westeuropäischen Rokoko.

Insgesamt zwanzig Paläste hat Elisabeth in Petersburg, den Vororten Petersburgs, in Moskau und Kiew errichten lassen. Der erste dieser vielen Paläste sollte ein Geschenk an ihren Liebhaber Alexej Rasumowski werden, weshalb der Bauplatz besonders sorgfältig ausgesucht wurde. Die Kaiserin entschied sich für ein Eckgrundstück an der Großen Perspektive (des heutigen Newskij Prospektes), das im Süden durch die Fontanka begrenzt wird. In der Nähe des geplanten Palastes, etwas weiter die Fontanka entlang in Richtung Newa, dort, wo sich heute das Michaels-Schloß befindet, stand bereits Elisabeths Sommerpalast, so daß sich das Stadtviertel zwischen der Großen Perspektive und der Fontanka allmählich zur noblen und teuren Wohngegend entwickelte. Die neue Bedeutung, die der Großen Perspektive jetzt zufiel, hatte auch Auswirkungen auf die Gewohnheiten der hier ansässigen Bewohner. So verfaßte Elisabeth persönlich eine Verordnung, nach der es nun verboten war, auf den Birken entlang der Perspektive Wäsche zum Trocknen oder Lüften aufzuhängen. Eine andere, gravierendere Verordnung betraf alle Bauten, die ohne Genehmigung und nicht in der vorgesehenen Flucht errichtet worden waren. Sie mußten entweder abgetragen oder den neuen Anforderungen gemäß umgebaut werden.

Am nördlichen Ende der Großen Perspektive entstand als würdiger Abschluß dieser Prachtstraße das größte und repräsentativste Gebäude jener Zeit – das Winterpalais. Es war das letzte und bedeutendste Bauvorhaben Elisabeths. Sie beauftragte ihren Lieblingsarchitekten Rastrelli damit und entschied sich für einen seiner drei Entwürfe: einen riesigen Gebäudekomplex, ein im Grundriß geschlossenes Viereck um einen Paradehof. Der vorgesehene Bauplatz war allerdings teilweise durch einen Vorgängerbau blockiert, der seit der Regierungszeit von Anna Ioanowna ständig erweitert wurde und ebenfalls als Winterresidenz genutzt worden war. Bevor dieses Gebäude abgerissen wurde, ließ Elisabeth zuerst ein provisorisches Winterdomizil bauen. Dafür wählte sie ein Grundstück im nördlichen Abschnitt der Großen Perspektive mit der Mojka als südliche Grenze. Das Provisorium wurde aus Holz errichtet und war bereits nach sieben Monaten bezugsfertig. Katharina II. ließ es später wieder abreißen, da sie an die dort verbrachte Zeit keine angenehmen Erinnerungen hatte. Ein ähnlich trauriges Schicksal widerfuhr in Petersburg noch anderen Palästen. Paul ließ zum Beispiel nach einer nächtlichen Eingebung Elisabeths Sommerpalast abreißen, und seine Residenz ›Michaels-Schloß‹ wurde, nachdem man ihn dort umgebracht hatte, zur Ingenieurschule degradiert.

Elisabeths Winterpalast kostete die russische Staatskasse enorme Summen, und die Bauarbeiten verzögerten sich, weil die Löhne nicht immer ausgezahlt werden konnten. Eine der Hauptursachen für die hohen Baukosten war der sumpfige Boden. Für jedes größere Gebäude in Petersburg war ein aufwendiges Fundament notwendig, und der Baugrund mußte zuerst durch das Einschlagen von meterlangen Baustämmen verfestigt werden. Unsummen verschlangen natürlich auch die monumentale Größe und die unvorstellbar luxuriöse Ausstattung des Winterpalastes. Er hatte zu Elisabeths Zeit eine Ausdehnung von 10440 Quadratmetern und beherbergte 1050 Räume, mit 1886 Türen und 1945 Fenstern. Eine deutsche Landgräfin, die im Winterpalast bei Katharina II. zu Besuch war, schrieb über die entsetzlich langen Wege innerhalb des Palastes: »Ich habe fünf Minuten Weges von meinem Zimmer bis zu dem der Kaiserin und komme an mehr als fünfzig Fenstern vorüber.«[31] Die Fertigstellung des Winterpalastes erlebte die Auftraggeberin nicht. Elisabeth starb im Dezember 1761, einige Monate bevor die ersten Räume bezugsfertig waren.

Macht, Intrigen und Verschwörung: Katharina II.

Elisabeth starb am Vorabend des Weihnachtsfestes 1761. Mit ihr wurden auch zwanzig Jahre fröhlichen und ausgelassenen Hoflebens zu Grabe getragen. Ihr Neffe, Karl Peter Ulrich aus Holstein-Gottorp, der als Peter III. die Nachfolge antrat, ließ die Petersburger wieder preußische Strenge spüren. Das war aber nicht das einzige, was den Russen mißfiel. Mit seiner Unberechenbarkeit, seinen Launen, seiner Überheblichkeit und der Abneigung gegen alles Russische machte Peter sich nicht nur beim Militär, sondern auch bei allen, die am Hofe Einfluß hatten, sehr unbeliebt. Obwohl seine Ehefrau Katharina ebenfalls von einem deutschen protestantischen Fürstenhof stammte, war sie das genaue Gegenteil von ihm. Als Sophie Auguste Friederike aus Anhalt-Zerbst kam sie mit fünfzehn Jahren an den russischen Hof. Von Elisabeth als Gattin für Karl Peter Ulrich ausgesucht, war sie sich ihrer Abhängigkeit sehr bewußt und setzte sich vorerst drei Ziele, die ihr helfen sollten, die nächsten achtzehn Jahre mit Geduld zu ertragen und schließlich Kaiserin der größten europäischen Monarchie zu werden: Sie wollte erstens der Kaiserin Elisabeth, zweitens dem Großfürsten Peter und drittens der russischen Nation gefallen. Und sie verstand es »zu gefallen«, wie sie später in ihren Memoiren mit Stolz beschrieb: »Ich [war] mit einem großen Feingefühl und einem zum mindesten interessanten Äußern von der Natur ausgestattet, das auf den ersten Blick ohne irgendwelche Kunst und Schmuck gefiel [...] Von Natur nachsichtig, erwarb ich mir das Vertrauen derer, die mit mir zu tun hatten [...] Ich sagte, daß ich gefiel, und wenn man gefällt, ist der erste Teil der Verführung schon vollzogen [...]«.[32]

Im Unterschied zu ihrem Gemahl konnte Katharina wegen ihres einnehmenden Wesens bei den Einflußreichen am Hof mit Wohlwollen und Unterstützung rechnen. Als Peter III. sich nach einer nur halbjährigen Regierungszeit genug Feinde gemacht hatte, kam Alexej Orlow, ein Bruder von Katharinas Liebhaber, Grigorij Orlow, in den frühen Morgenstunden des 28. Juni 1762 zu Katharina und berichtete: »Es ist Zeit, daß Sie sich erheben; alles ist bereit, um Sie zu proklamieren.« Katharina selbst beschrieb den Umsturz: »Nun zögerte ich nicht mehr, kleidete mich so schnell als möglich an, ohne Toilette zu machen, und bestieg den Wagen, den er gebracht hatte [...] Wir fuhren zum Ismailowskischen Regiment, und dort stiegen wir aus. Es waren nur zwölf Mann da und ein Tambour, der sofort Alarm schlug. Nun kamen die Soldaten, umarmten mich, küßten mir die Füße, die Hände, das Kleid und nannten mich ihren Retter. Zwei von ihnen führten unter den Armen einen Priester mit dem Kreuz herbei und gleich fingen sie an, mir den Eid zu leisten. Als das geschehen ist, bittet man mich, die Karosse zu besteigen. Der Priester mit dem Kreuz ging voran. Wir zogen zum Semionowskyschen Regiment, das uns mit Vivatrufen entgegenkam. Dann ging es weiter zur Kasanschen Kirche, wo ich ausstieg. Es kommt das Preobrashenskysche Regiment mit Vivatrufen [...] Ich begab mich in den neuen Winterpalast, wo der Synod und der Senat versammelt waren. In aller Eile wurden ein Manifest und der Eid aufgesetzt. Dann ging ich hinunter und machte einen Rundgang bei den Truppen. Es waren mehr als 14000 Mann der Garde und der Fußregimenter. Sowie sie meiner ansichtig wurden, erhob sich ein lautes Freudengeschrei, in das eine zahllose Volksmenge einstimmte [...] Nachdem wir alle unsere Kuriere abgesandt und alle Vorsichtsmaßregeln getroffen hatten, legte ich gegen 10 Uhr abends die Gardeuniform an, nachdem ich mich unter unbeschreiblichem Jubel zum Obersten hatte ernennen lassen.«[33] In ebendieser Uniform des Obersten der Garde und hoch zu Roß kann Katharina heute noch auf einem riesigen Gemälde im Thronsaal des Großen Palastes in Peterhof bewundert werden.

Peter III. unterschrieb widerspruchslos das Abdankungsmanifest. Friedrich der Große bemerkte dazu in einem Gespräch mit dem französischen Diplomaten, Graf Louis Philippe de Ségur: »Er ließ sich entthronen wie ein Kind, das man zu Bett schickt.«[34] Peters Infantilität äußerte sich auch darin, daß er die ihm drohende Gefahr nicht erkannte und, obwohl unter Hausarrest, auch weiterhin nur seine privaten Amüsements im Sinne hatte. In einem Brief bat er seine Gattin und nun Herrscherin über ganz Rußland um seine Mätresse, eine Violine und seinen Hund. Bis auf die Mätresse bekam Peter das Gewünschte, nur konnte er es nicht lange genießen. Eine Woche nach dem Umsturz starb Peter, nach offiziellen Berichten wegen einer »Hämorrhoidalkolik« mit Fieber. Sein Tod überschattete zunächst Katharinas Inthronisierung, aber selbst Voltaire, der die neue russische Kaiserin mit »Semiramis des Nordens« als Gattenmörderin brandmarkte, wurde im Laufe der Zeit zu einem Verehrer Katharinas.

Die Bauwut tobt weiter

Waren es zu Elisabeths Zeit vor allem die prächtigen Paläste des reichen Hochadels und der Kaiserin selbst, die das Stadtbild veränderten, wandte sich Katharina II. – sieht man einmal von den »Palastgeschenken« an Orlow und Potemkin ab – vor allem öffentlichen Bauprojekten zu. Sie machte aus Petersburg eine Weltstadt. Am Ende ihrer Regierungszeit ist Petersburg eine Metropole mit einer Viertelmillion Einwohnern (Militär und Hofstaat mit zusätzlich einhunderttausend Menschen nicht mitgerechnet) und die sechstgrößte Stadt Europas nach Konstantinopel, London, Paris, Neapel und Wien. Was St. Petersburg den Rang einer Weltstadt verschaffte, war nicht nur die hohe Einwohnerzahl, sondern vor allem die städtebauliche Entwicklung. Während Katharinas vierunddreißigjähriger Herrschaft verschwanden aus dem Stadtzentrum viele Holzbauten, so daß in jener Zeit das Sprichwort entstand, wonach »Katharina II. St. Petersburg hölzern empfangen und es steinern zurücklassen werde«.[35] Laut Katasteramt war die Zahl der Steinbauten um das Vierfache gestiegen, die Zahl der Holzhäuser dagegen um die Hälfte zurückgegangen. Auch bei der Verschönerung der sich durch die Stadt schlängelnden Wasseradern wurde nicht an dem teuren und seltenen Baumaterial Stein gespart. Die kilometerlangen Kais der Newa, Mojka, Kriwuschka (heute Gribojedow-Kanal) und Fontanka wurden in dunkelgrauen Granit gefaßt und über die Kanäle und schmalen Flüßchen der Innenstadt steinerne Brücken gebaut. Die Straßen erhielten Steinpflaster. Und weil auch nachts die Pracht der Innenstadt sichtbar sein sollte, baute man das Netz der Straßenbeleuchtung weiter aus. Dreitausendvierhundert mit Hanföl betriebene Straßenlaternen erhellten nun die winterlichen Nächte. Im Sommer beleuchtete der helle Himmel des hohen Nordens die Stadt und der Staatskasse blieben die Ausgaben für das Öl erspart. Über den Zustand der Straßen und manch andere Merkwürdigkeiten berichtete ein Besucher aus dem Ausland: »Das Pflaster der Residenz ist, aus mehreren Ursachen, nicht so gut, als es für den Glanz einer prächtigen Kaiserstadt zu wünschen wäre. Wenn es immer in unseren

54

Plan paßte, nicht nur das Wie?, sondern auch das Warum? einer jeden Sache zu untersuchen, so würde ich den weichen, morastigen Boden als eine Hauptursache dieses Übelstandes anführen [bis zum heutigen Tag übrigens der Grund dafür, daß selbst Straßen mit neuem Belag bereits nach kürzester Zeit einem holprigen Dorfweg gleichen]. Das unaufhörliche und schnelle Fahren in den besseren Gegenden und die Nachlässigkeit der Pflasterer sind freilich auch schuld. Die Methode des hiesigen Pflasterns ist, daß man gewöhnlich die größeren Steine in die Form eines Vierecks legt, sie mit kleineren Steinen ausfüllt und nur leicht in den Boden stampft. In die Zwischenräume stopft man Ziegelscherben, und das ganze wird so stark mit Grieß[36] überschüttet, daß es eher einer Chaussee als einem Gassenpflaster ähnlich sieht. So lange es neu ist, fährt sich's sehr sanft darauf, aber der Regen und das unaufhörliche Rollen der Wagen und Karren verdirbt es bald. Der viele Sand macht die Gassen im Frühjahr und Herbst so schmutzig, daß es Fußgängern schlechterdings unmöglich ist, gut gekleidet zu gehen, und verursacht im Sommer einen unausstehlichen und wegen der Ziegelscherben der Gesundheit nachteiligen Staub. Eine Ausnahme machen die öffentlichen Plätze, die zum Teil vortrefflich gepflastert sind. Trottoirs sind wohl in vielen Gassen vorhanden, aber mit der einzigen Ausnahme der Newskijschen Perspektive so wenig über dem Pflaster erhöht, daß sie bei schmutzigem Wetter kaum Vorteil gewähren [...] London ausgenommen, möchte ich im übrigen nicht behaupten, daß die Situation in anderen großen Städten besser sei. Und immerhin gibt es für den Fußgänger hier eine goldene Jahreszeit – den Winter.

Gesäubert werden die Gassen nur selten, aber unter der jetzigen Regierung hat man eine große und teure Unter-

Orthodoxer Gottesdienst

nehmung angefangen, um die Reinigung der Straßen zu erleichtern. In den besten Gegenden der Stadt sind diese mit gemauerten Kanälen versehen, die etwa zwei Fuß unter dem Pflaster mit einer sanften Neigung in die Newa führen. Der Schmutz fließt durch Öffnungen ab, die mit eisernen Rosten belegt sind.«[37] Die Regierung unter Katharina hat sich also sehr um die Sauberkeit der Straßen gesorgt, allerdings nicht daran gestört, daß die Newa gleichzeitig die Stadtbevölkerung mit Trinkwasser versorgte. Den Einheimischen schien das kaum Probleme bereitet zu haben. Besucher aber, die noch nicht an das Newa-Wasser gewöhnt waren, konnten – wie Johann Gottlieb Georgi vermutete – in den ersten Monaten ihres Aufenthaltes Durchfälle und Hautausschläge bekommen.

Wie schon erwähnt, nahm sich Katharina bei der Neugestaltung der Stadt auch die zahlreichen, zum Teil morastigen Bäche und Flüßchen vor. Mit aller Anstrengung verfolgte sie ihr Ziel, Petersburg städtebaulich in einen Zustand zu bringen, der einer Hauptstadt angemessen schien. Schon kurz nach ihrer Thronbesteigung wurde mit der Befestigung der Newa-Ufer begonnen. Auf einer Länge von sechs Kilometern bekam die Newa innerhalb des Stadtbereiches eine Graniteinfassung, und vor den Palästen ließ man reich verzierte Anlegestellen und Treppenaufgänge aus Granit errichten. Allein diese Baumaßnahmen kosteten die Krone neunhunderttausend Rubel. Eine gewaltige Summe, für die man in jener Zeit zehn- bis fünfzehntausend Leibeigene hätte kaufen können.[38] Hinzu kamen Graniteinfassungen und prächtige schmiedeeiserne Geländer bei drei weiteren Flüßchen und Kanälen. Auch die Fontanka, an deren Ufern schon zu Elisabeths Zeiten prächtige Paläste entstanden sind, wurde nun zeitgemäß gestaltet und erhielt eine Einfassung und mehrere Brücken aus Granit. Eine der Brücken entstand vor dem petrinischen Sommergarten, gleich am Austritt der Fontanka aus der Newa. Es ist eine herrliche dreibogige Brücke, die bis zum heutigen Tag in ihrer ursprünglichen Schönheit erhalten ist. Weiter flußabwärts entstanden vier zweibogige Brücken, deren mittlere Teile als Zugbrücken dienten. Der heutige Gribojedow-Kanal (früher hieß er Katharinen-Kanal nach Katharina II., die ihn angelegt hatte) war zuerst nur ein schmaler morastiger Bach namens Kriwuschka. Der alte Name verrät, daß sein Verlauf nicht gerade war, sondern gewunden (russisch kriwyj). Die Kaiserin »ließ ihn in der Breite von 7 bis 8 Faden[39], einen Faden tief, für das Waßerbette ausgraben und ihn seiner ganzen, an 4 Werste[40] betragenden Länge nach, an beiden Ufern wie die Fontanka, mit Granitquadern kleiden und mit Spaziergängen, eisernen Lehnen und Abfahrten für die Waßerschöpfer versehen.«[41] Schließlich bekamen auch die Ufer des Flüßchens Mojka eine Einfassung aus Granit und filigranen schmiedeeisernen Geländern. Jetzt dominierte dunkelgrauer, eleganter Granit ganz und gar das Bild des Zentrums von St. Petersburg. Nur zu dem alten, aus Backstein errichteten Gemäuer der Peter-und-Paul-Festung wollte das neue Gesicht der Stadt nicht so recht passen. Deshalb beschloß die »Baukommission zur Bebauung der Stadt mit Stein«, die der Newa zugewandten Festungsmauern ebenfalls mit Granit zu verkleiden. Das aber zerstörte das ursprüngliche architektonische Gleichgewicht. Plötzlich dominierte das rechte Newa-Ufer mit den neuen, wuchtigen Granitmauern der Festung. Um die Bebauung der beiden Seiten der Newa wieder ins Gleichgewicht zu bringen, mußte gegenüber der Festung, auf der linken Seite der Newa, ein architektonisches Gegengewicht geschaffen werden. Man entschied, den nur wenig weiter newaaufwärts liegenden Sommergarten umzugestalten. Die am Newa-Kai liegende Schmalseite des Gartens betonte man durch die Errichtung eines phantasievoll gestalteten, schmiedeeisernen Gitters, das durch sechsunddreißig über zehn Meter hohe Granitsäulen gegliedert und damit optisch so hervorgehoben wurde, daß damit die ästhetische Harmonie wieder hergestellt war.

Eine Stadt mit granitgefaßten Flüssen, mit kilometerlangen, fein gearbeiteten schmiedeeisernen Geländern und glatt polierten, in der Ferne sich verlierenden Wegen, Brüstungen und Sockeln aus Granit ist ein imposantes Erbe, das Katharina der Nachwelt hinterließ. Sie errichtete sich damit ein Denkmal, auf dem zwar nicht ihr Name steht, das aber mehr als die Bauten und Denkmale anderer Herrscher das Bild der Stadt bis zum heutigen Tage prägt.

Rundgang B: Newskij Prospekt → Gostinyj Dwor und die Kirchen auf dem Newskij Prospekt → Der Eherne Reiter → Die Newa → Das Winterpalais, die Kleine und die Alte Eremitage [s. Seite 226]

Newskij Prospekt

Der Newskij Prospekt ist die Haupt- und Geschäftsstraße Petersburgs und kann sich durchaus mit Berlins Unter den Linden oder der Champs-Elysées in Paris messen. Daß der Newskij, wie er kurz und liebevoll von den Einheimischen genannt wird, schon immer der Dreh- und Angelpunkt der Stadt gewesen ist, beschreibt von allen russischen Dichtern am schönsten Nikolai Gogol: »Der Newski Prospekt ist der Treffpunkt von ganz Petersburg. Der Bewohner der Petersburger oder der Wyborger Seite kann davon überzeugt sein, hier den seit Jahren nicht mehr besuchten Freund von den Peski oder von der Moskowskaja Sastawa zu treffen. Kein Adreßbuch und kein Auskunftsbüro vermitteln eine so zuverlässige Kunde wie der Newski Prospekt. Der Newski Prospekt vermag alles! Er ist die einzige Zerstreuung in dem an Lustbarkeiten armen Petersburg! Wie sauber seine Bürgersteige gekehrt sind, und, mein Gott, wie viele Füße ihre Spuren auf ihm hinterlassen haben! Sowohl der plumpe, schmutzige Stiefel des abgedankten Soldaten, unter dessen Gewicht selbst der Granit selber zu bersten scheint, als auch der federleichte winzige Schuh der jungen Dame, deren Köpfchen sich den blitzenden Schaufensterscheiben zuwendet wie die Sonnenblume dem Licht, als auch der klirrende Säbel des von Hoffnungen geschwellten Fähnrichs, der einen scharfen Kratzer in ihn einritzt – alles läßt die Macht der Stärke oder die Macht der Schwäche an ihm aus. Welch rasche Phantasmagorie vollzieht sich auf ihm während eines einzigen Tages! Wie viele Wandlungen läßt er während eines Tages über sich ergehen! Fangen wir mit dem frühen Morgen an, da ganz Petersburg nach heißem, eben erst ausgebackenen Broten duftet und von alten Frauen in abgerissenen Kleidern und Mantillen bevölkert ist, die Kirchen und mitleidige Passanten überfallen. Um diese Zeit ist der Newski Prospekt fast menschenleer: Die wohlgenährten Ladenbesitzer und deren Kommis schlafen noch in ihren Hemden aus holländischem Leinen, seifen sich die vornehmen Wangen ein oder trinken Kaffee; die Bettler versammeln sich vor den Türen der Konditoreien, aus denen ein verschlafener Ganymed tritt, der gestern mit seiner Schokolade wie eine Fliege umherschwirrte – er hat einen Besen in der Hand, trägt keine Krawatte und wirft ihnen trockenen Kuchen und

Speisereste zu. Auf der Straße kommt allerlei unentbehrliches Volk daher: Gelegentlich überqueren sie russische Bauern, die zu ihrer Arbeit eilen, und zwar in Stiefeln, die so mit Kalk beschmutzt sind, daß selbst das sprichwörtlich reine Wasser des Jekaterinski-Kanals ihn nicht abwaschen könnte. Für Damen ist es zu dieser Stunde im allgemeinen nicht angebracht, sich zu zeigen, weil sich das einfache russische Volk in so kraftvollen Ausdrücken zu ergehen pflegt, wie sie die Damen vermutlich nicht einmal in den Theatern zu hören bekommen. Manchmal trottet ein unausgeschlafener Beamter, dessen Weg zur Dienststelle über den Newski Prospekt führt, mit einer Aktentasche unter dem Arm vorbei. Man kann mit aller Bestimmtheit sagen, daß der Newski Prospekt zu dieser Stunde, das heißt bis zwölf Uhr mittags, für niemanden ein Ziel darstellt, vielmehr nur ein Mittel ist: [...] Um zwölf wird der Newski Prospekt von Hofmeistern aller Nationen mitsamt ihren Zöglingen in Batistkragen überschwemmt [...] kurz gesagt – der Newski Prospekt gehört zu dieser Stunde der Pädagogik. Je mehr man sich jedoch zwei Uhr nachmittags nähert, desto rascher nimmt die Zahl der Hofmeister, Pädagogen und Kinder ab: Sie werden schließlich von ihren zärtlichen Erzeugern verdrängt, die Arm in Arm mit ihren bunten, in allen Farben schillernden, zartbesaiteten Ehegefährtinnen einherstolzieren. Nach und nach gesellt sich ihnen alles zu, was seine immerhin nicht unwichtigen häuslichen Angelegenheiten erledigt hat, zum Beispiel wer sich mit seinem Hausarzt über das Wetter und einen kleinen Pickel auf der Nase unterhalten, sich nach dem Wohlbefinden seiner Pferde und seiner – übrigens äußerst begabten – Kinder erkundigt [...] hat; ihnen gesellen sich auch diejenigen zu, die ein beneidenswertes Schicksal mit dem Rang eines ›Beamten für besondere Aufträge‹ segnete, zu ihnen gesellen sich ferner auch die, die ein Amt im Kollegium für auswärtige Angelegenheiten bekleiden und sich durch die Vornehmheit ihrer Tätigkeit und ihrer Gewohnheiten auszeichnen. Mein Gott, was es doch alles für wunderbare Ämter und Tätigkeiten gibt! Wie sie das Herz erheben und höher schlagen lassen! Aber, o weh!, ich habe kein Amt und bin des Vergnügens beraubt, mich der feinfühligen Behandlung durch meine Vorgesetzten zu erfreuen. Alles, was Sie auf dem Newski Prospekt treffen, zeichnet sich durch Schicklichkeit aus: Die Männer tragen lange Gehröcke und verbergen die Hände in Rocktaschen, die Damen präsentieren sich in rosa, weißen oder mattblauen Atlasüberwürfen und Hütchen. Sie werden hier einzigartigen, mit ungewöhnlicher, ja erstaunlicher Kunst unter Halstuch gesteckten Backenbärten begegnen, Backenbärten, die samtig oder glänzend wie Atlas oder Zobel und schwarz wie Kohle sind, aber leider immer nur dem Kollegium für auswärtige Angelegenheiten zugehören. Den Beamten der anderen Departments hat die Vorsehung schwarze Backenbärte versagt, sie müssen sich zu ihrem größten Leidwesen mit roten begnügen. Auch wunderbaren Schnurrbärten werden Sie begegnen. Sie begegnen Schnurrbärten, die keine Feder, kein Pinsel zu beschreiben vermag, Schnurrbärten, denen der bessere Teil des Lebens gewidmet ist, die – bei Tag wie bei Nacht – den Gegenstand ständiger Wachsamkeit bilden, Schnurrbärten, auf die sich die hinreißendsten Parfüms und Wohlgerüche ergossen haben und die mit den kostbarsten, seltensten Pomaden eingefettet sind, Schnurrbärten, die man nachts mit Hilfe von feinem Velinpapier wickelt, Schnurrbärten, die die rührendste Sorgfalt ihrer Besitzer atmen und um die die Besitzer von den Vorübergehenden beneidet werden. Die tausenderlei buntfarbigen, leichten Hütchen, Kleider und Schals, denen die Trägerinnen manchmal volle zwei Tage ihre Zuneigung schenken, werden jedermann auf dem Newski Prospekt blenden. Es ist, als flattere unvermittelt ein ganzes Meer von Schmetterlingen von einer Wiese auf und woge wie eine glänzende Wolke über den schwarzen Käfern des Männervolks dahin. [...] Nirgends verbeugt man sich, wenn man einander trifft, so vornehm und ungezwungen wie auf dem Newski. [...] Sie werden auf Tausende von unbegreiflichen Charakteren und Erscheinungen stoßen. Herrgott, welch seltsame Charaktere einem doch auf dem Newski Prospekt in die Arme laufen! [...] In dieser gesegneten Stunde – von zwei bis drei Uhr nachmittags –, die man den Höhepunkt des hauptstädtischen Lebens auf dem Newski nennen kann, stellt man die schönsten menschlichen Errungenschaften zur Schau. Der eine führt seinen eleganten Überrock mit allerbestem Biber vor, der zweite seine wunderschöne altgriechische Nase, der dritte zeigt einen unvergleichlichen Backenbart, der vierte, eine Dame, zwei hübsche Augen und ein bewundernswertes Hütchen, der fünfte einen Ring mit einem Talisman am zierlichen kleinen Finger, der sechste, wiederum eine Dame, ein Füßchen in einem bezaubernden Schuh, der siebente eine Krawatte, die Bewunderung hervorruft, der achte einen Schnurrbart, über den man staunt. Aber dann schlägt es drei, die Schaustellung geht zu Ende, die Menge lichtet sich ...«[42]

Der Newskij bildet heute zusammen mit dem Gorochowskij-Prospekt (dem früheren Mittleren Prospekt) und dem Auferstehungs-Prospekt ein Drei-Strahlen-System. Ein ähnliches städtebauliches Konzept sieht man in Versailles, wo die Avenue de Sceaux, Avenue de Paris und Avenue de St.-Cloud auf das große Versailler Schloß ausgerichtet sind.

In Petersburg ist der Blick- und Bezugspunkt das Admiralitätsgebäude, vor dem die nördlichen Enden der drei Prospekte zusammentreffen. Nach Südsüdosten divergieren die Straßen und in Verbindung mit den natürlichen Wasseradern, der Mojka, dem Gribojedow-Kanal (Katharinen-Kanal) und der Fontanka ergibt sich ein fächerartiges Muster. Als erster der drei Strahlen entstand der Newskij Prospekt. Peter der Große ließ 1709 eine drei Kilometer lange Schneise durch die Wälder schlagen, um eine direkte Verbindung zwischen der Admiralität, der damaligen Schiffswerft, und der alten Nowgoroder Straße zu schaffen. Die alte Handelsstadt Nowgorod nutzte Peter zur Versorgung der Baustellen und der Schiffswerft. Die traditionsreiche Stadt war Anfang des 18. Jahrhunderts noch ein wichtiges Wirtschaftszentrum, das viele Ressourcen für den Aufbau des gerade erst gegründeten Petersburg lieferte. Der Mittlere Prospekt muß in den darauffolgenden Jahren entstanden sein, da er bereits auf einem Stadtplan aus dem Jahre 1725 zu sehen ist. Das Fächerkonzept der Stadtmitte wurde allerdings erst eine Dekade später während der Herrschaft der Kaiserin Anna Ioanowna entwickelt. Sie rief 1737 eine Baukommission ins Leben. Diese Kommission schlug der Kaiserin die Errichtung eines weiteren Prospektes vor, der als dritter Strahl seinen Anfang ebenfalls bei der Admiralität nehmen sollte und die fächerartige Struktur der Innenstadt festlegte. Es dauerte dann noch einige Jahre, bis sich die Große Perspektive, der Newskij, zur Hauptstraße gemausert hatte. Ungewöhnlich mag erscheinen, daß nicht die mittlere der drei Straßen zur städtebaulichen Achse geworden ist, sondern die rechte, äußere. Die Gründe dafür müssen in der frühen Bebauung der Stadt gesucht werden. Peter der Große legte mit der Errichtung des Sommergartens und dem Bau seines Sommer- und Winterpalastes die Gegend fest, in der auch in der Folgezeit die Herrscher ihre neuen Residenzen erbauen ließen. So wurde das Stadtviertel zwischen der Großen Perspektive im Süden und der Newa im Norden die nobelste Gegend von Petersburg ... und die Große Perspektive zur Hauptstraße. Elisabeth trug einiges dazu bei, daß sie in der Mitte des 18. Jahrhunderts zur Prachtstraße aufstieg, und Katharina II. vollendete dieses Werk. Unter ihrer Herrschaft bekam der Prospekt auch seinen bis heute gültigen Namen – Newskij Prospekt.

Gogol beschrieb den Newskij als eine prächtige Flanierstraße. Man kam, um zu sehen und gesehen zu werden. Aber neben Koketterie, Eitelkeit und Neugier gab es noch mindestens einen weiteren Grund, zum Newskij zu kommen: Er war – und ist bis heute – die wichtigste und teuerste Einkaufsstraße Petersburgs, ähnlich der Bond-Street in London ein Inbegriff des Luxus. Vergeblich hielt man allerdings Ausschau nach russischer Ware. Die Läden des Newskij blieben bis zum Ende der Zarenzeit ausländischen Erzeugnissen vorbehalten. Alles ist in dieser »Straße der Ausländer«, wie sich dazu der deutsche Reisende Johann Georg Kohl äußert, »zwei Mal besser und drei Mal teurer« als im Gostinyj Dwor, in dem nur Einheimisches feilgeboten wurde.[43] Diese auffällige Trennung von inländischem und ausländischem Warenangebot erstaunte den Besucher der russischen Metropole, der eine solche Aufteilung von zu Hause nicht kannte. Kohl beschrieb weiter: »Denn was alle diejenigen Producte betrifft, die im Westen der Kosakenlinie erzeugt [d. h. westlich der Ukraine], oder – wenn auch innerhalb des Reiches – doch von ausländischen, d. h. westeuropäischen Künstlern hervorgebracht wurden, so sind sie ganz und gar von dem russischen Markt- und Gostinnoi-Dwor-Leben ausgeschlossen, und für sie bauen sich in der Regel an der modigsten und elegantesten Straße eigene Magazine, in denen die Engländer, Franzosen und Deutschen ihre Waren auf ihre Weise auskramen und verhandeln [...]«[44] Um zu verstehen, wie es dazu kam, müssen wir in die Zeit Peters des Großen zurückgehen. Er brauchte, wie wir wissen, für die Modernisierung seines Landes die Hilfe ausländischer Fachleute. Um den nach Rußland verpflichteten Westeuropäern in religiösen Belangen entgegenzukommen und sie damit vielleicht sogar dauerhaft an Rußland zu binden, erlaubte Peter als erster russischer Herrscher die Errichtung nicht orthodoxer Gotteshäuser. Diese Entscheidung muß bei den orthodoxen Würdenträgern große Bestürzung ausgelöst haben. Nicht weniger skandalös dürfte gewesen sein, daß für den Bau der geplanten Kirchengebäude Grundstücke entlang der Großen Perspektive zugeteilt wurden. Zwar war die Perspektive in jener Zeit noch nicht die Prachtstraße, zu der sie sich ein halbes Jahrhundert später entwickelt haben sollte, sondern lediglich eine befestigte Straße im Morast. Aber sie lag in der Nähe der wichtigsten Bauten zwischen der Admiralität und den Palästen Peters des Großen. Als dann die Große Perspektive zur Hauptstraße wurde, besaßen dort ausländische Kirchengemeinden ausgedehnte Grundstücke und neben ihren Gotteshäusern auch große Mietshäuser. Darin wohnten natürlich vor allem die Mitglieder der eigenen Gemeinde, so daß zum Beispiel rechts und links der katholischen Katharinen-Kirche vor allem Polen, Italiener und auch einige Deutsche lebten. In den Erdgeschossen dieser Häuser befanden sich Läden, die ebenfalls von Ausländern angemietet waren. Der deutsche Reisende Johann Gottlieb Georgi, ein Zeitgenosse Katharinas II., beschreibt die damalige Nutzung der Mietshäuser so: »In der großen Perspectivstraße [. . .] haben zwei Häuser der katholischen Kirche, jedes unten 5 Gewölbe[45] und oben Wohnungen. Diese 10 Buden haben gegenwärtig einige Nürnberger, Schweizer und Italiener.«[46] So ist es also Peters Verdienst, daß der Newskij zu einer Einkaufsstraße wurde, in der ausländische Händler, Modemacher, Möbelbauer und Gastronomen ihre Waren und Dienstleistungen anboten und zu hohen Preisen an die Petersburger Oberschicht verkauften. Die einheimischen Erzeugnisse wurden wie eh und je und wie auch in anderen russischen Städten im sogenannten Gostinyj Dwor feilgeboten, der mit dem orientalischen Bazar vieles gemeinsam hat. In größeren Städten waren solche Handelshöfe wegen des großen Warenumschlags sogar zweistöckig. Wegen der langen, kalten Winter umgaben diese Kaufhallen Galerien, die zum Flanieren einluden. Vor allem die Petersburger schätzten bei unwirtlichen Tagen einen Spaziergang unter den Arkaden des Gostinyj Dwor.

Gostinyj Dwor und die Kirchen auf dem Newskij Prospekt

Die Pläne für dieses große Kaufhaus, das – einem Bazar ähnlich – aus lauter kleinen, nebeneinander aufgereihten Läden bestehen sollte, entwarf Rastrelli schon in den fünfziger Jahren des 18. Jahrhunderts für die Zarin Elisabeth. Katharina II. ließ die Pläne stilistisch an den gerade aufkommenden Klassizismus anpassen und von Vallin de la Mothe umsetzen. Es entstand ein imposanter Gebäudekomplex, dessen Fassade über einen Kilometer lang ist. Als der frühklassizistische Bau 1785 vollendet war, fand dort das größte Sortiment russischer Waren seinen Platz. Lesen wir, was Johann Georg Kohl damals im Gostinyj Dwor beobachtet hat: »Die großen Kaufhallen, in denen immer das Wichtigste alles dessen, was eine Stadt verhandelt, aufgestapelt ist, nennen die Russen ›Gostinnoje Dworui‹ (Gasthöfe). Es sind gewöhnlich große, jetzt recht geschmackvoll ausgeführte Gebäude von zwei Etagen, um welche Säulenhallen herumführen. Die von ihnen eingeschlossenen Gehöfte, sowie die obere Etage, dienen meistens zu Magazinen und zum Verkaufe en gros. Die untere Etage dagegen besteht aus einer Reihe von Buden, in denen en détail verkauft wird. Die Kaufleute wohnen in ihren Häusern, verriegeln und verrammeln des Abends Alles in ihren Hallen und lassen es Nachts von Wächtern und Hunden beaufsichtigen.

In jeder einigermaßen bedeutenden Stadt Rußlands giebt es einen solchen Gostinnoi Dwor, dessen Größe dem reisenden Statistiker sogleich als ein vortrefflicher Maßstab bei Beurtheilung der Ausdehnung des Handels einer Stadt dient [...] Nirgends scheint sich Gleich und Gleich lieber zu paaren als in Rußland. Denn nicht nur die Kaufleute überhaupt finden sich in einer Halle zusammen, sondern auch hier verbinden sich wieder zu kleineren Massen alle Die, welche mit derselben Waare handeln. So stehen alle Papierhändler in einer Reihe, alle Seidenhändler beisammen, alle Lederbuden auf einem Haufen usw. Diese Sonderungen liegen den russischen Kaufleuten so sehr im Blute, daß überall, wo sie nur irgend verkaufend auftreten, gleich Alles wie von selbst in solche große Abtheilungen zerfällt [...] Der Gostinnoi Dwor selbst enthält unter seiner Halle die besseren russischen Waaren. Für die des geringsten Grades, die für das niedrige Volk und die Armen bestimmt sind, zeigen zwei große Plätze, die weiterhin zur Seite der Gartenstraße folgen, zwei neue Budenstädte [...]

Die eigenthümlichen, bei uns unbekannten Waaren, die sonderbare Art ihrer Aufstellung, die Originalität des sich hier herumtreibenden Volkes und die gewandten Manieren der Kaufleute, sowohl in ihrer Höflichkeit, als in ihren Betrügereien gegen ihre Kunden, machen dieses Petersburgische Budenviertel zu einem der unterhaltendsten und wichtigsten Spazierplätze für die den Volkscharakter und das Wesen dieser Stadt studierenden Fremden [...] Die täglichen Bedürfnisse, welche Petersburg in seinem Gostinnoi Dwor zu befriedigen kommt, sind aber aus einem doppelten Grunde besonders groß. Nämlich erstlich, weil sie mehr als irgend eine andere europäische Residenz sich schlechter und unsolider Waare bedient, die einer beständigen Erneuerung und eines unaufhörlichen Ausbesserns bedarf, und dann, weil sie mehr als irgend eine andere Residenz Launen hat und den Wechsel Liebt [...] Es mögen in dem Petersburger Gostinnoi Dwor und seinen Appendixen [...] leicht 10 000 Kaufleute, Boutiquiers und Krämer versammelt sein. Da diese Leutchen den Tag über allerlei Bedürfnisse und doch keinerlei eigene häusliche Einrichtung in der Nähe haben, so kann man sich denken, daß blos dieser Verkäufer wegen sich hier wieder eine Menge von Verkäufern einnistet, wie sich eine Muschel auf die andere setzt, um ihre Existenz zu gewinnen. Es nomadisieren daher in den Gängen und Straßen des Basars beständig Theeverkäufer mit ihren großen dampfenden Kupferurnen, Sbiten-[47] und Kwasschenker[48], Frühstücks-, Wurst-, Brod und Käsehändler herum, die bei den immer eßlustigen ›Kupzni‹[49] guten Abgang für ihre Waaren finden. Sorgen und Klagen, wie man sie auf unseren Märkten hört und sieht, kennt man in diesem Petersburger Basar noch nicht, denn erstlich schlägt sich der Russe alle Sorgen aus dem Kopfe und läßt keine Klagen auf die Lippen, und zweitens geht auch in diesem aufblühenden Lande, Gott sei Dank (Slawa Bogu!) – die Waare mag so unter aller Kritik schlecht sein, als sie will, – Handel und Wandel immer gut und frisch. Anderswo pflegen sich die Waaren dadurch guten Abgang zu verschaffen, daß sie nach Erreichung vorzüglicher Qualität streben, hier umgekehrt. Je schlechter die Waare ist, so denken, glaube ich, die russischen Speculanten, desto schneller hat der Käufer wieder andere nöthig [...] Bewunderungswürdig ist die Gewandtheit der Russen, mit der sie allerlei Dinge auf dem Kopfe tragen, die man bei uns nie so hoch exponieren würde, und mit denen sie sich doch so ungenirt mitten im Gedränge herumtreiben, als wenn die auf dem Kopfe gehäuften Waaren wie der Römer Waffen nur Glieder ihres Körpers wären. Man sieht sie in diesem Fache wirklich Kunststücke ausführen, die eine beständig gespannte Seiltänzer-Aufmerksamkeit und eine beständig in Thätigkeit erhaltene Jongleur-Souplesse bei ihnen voraussetzen. So bemerkt man z. B. mitten im Gedränge auf den Köpfen hohe Pyramiden von Eiern, lose auf einem einfachen Brete aufgehäuft, und doch so still liegend, als wenn jedes durch eine unsichtbare elektrische Kraft an seinem Platze gehalten würde [...]

Ein deutscher, ordentlicher, Pläne machender und seine Frau und Kinder bedenkender Krämer sieht, in seiner Bude sitzend, immer aus wie die Berechnung selbst. Der Russe ist fast immer Bruder Sanssouci. Selten sieht man die Russen ordnen, berechnen, schreiben; ihr Geschäft ist sehr einfach und macht sich ohne dergleichen künstliche Hülfsmittel fast von selbst. Man sieht sie daher gewöhnlich, wenn sie nicht eben durch Käufer in Anspruch genommen werden, oder wenn sie nicht den Vorübergehenden ihre Einladungen absingen müssen, mit allerlei Spielen und Scherzen beschäftigt.

Bei gutem Wetter ist ihr gewöhnliches und allbeliebtes Spiel das Damenbret, das sie sogar auf den Tischen und Bänken, die vor ihren Thüren stehen, aufgemalt haben. Eifrig stecken sie die Köpfe zusammen, betrachten mit Kennermiene die Stellung der Steine, machen Partei für und wider die beiden Spielenden und sind ganz in ihr Spiel verloren, bis etwa ein Käufer sich naht, wo denn gleich mit Reverenzen und Bücklingen die Gruppe auseinanderfährt, und ein Jeder denselben für seinen Laden zu gewinnen sucht. Im Winter machen sie sich Bewegung mit dem Ballspiele, wobei sie in den geräumigen Gängen ihres Basars einen dicken Ball sehr geschickt mit dem Fuße in langen Bogen über die Köpfe der Spaziergänger, Käufer und Kaufleute hinzuschlagen wissen [...].«[50]

Im Zusammenhang mit den Eigenheiten der Petersburger Kaufsitten soll zumindest eine weitere Besonderheit des merkantilen Lebens dieser Stadt erwähnt werden. In der Innenstadt und in der Nähe des Newskij waren zur Zarenzeit nur solche Geschäfte zu finden, die nichts in ihrem Sortiment führten, was unangenehme Gerüche, großen Lärm oder Abfälle verursachen konnte. Holz zum Beispiel oder Fleischereien suchte man in der Innenstadt vergeblich. Je unangenehmer die Begleiterscheinungen der verkauften Ware, desto weiter außerhalb waren sie zu finden: »Der Gostinnoi Dwor legt sich gewöhnlich gerade in das Zentrum der Stadt, und alle anderen Verkaufsplätze und Märkte kommen immer weiter in die äußeren Kreise der Stadt hinaus, um so entfernter vom Mittelpuncte, je roher die Waare ist; so die Victualien weiter als die Manufactursachen, Holz weiter als Eisen, die Wagen und Schlitten weiter als Zimmermöbel, und Heu, Stroh, Vieh, Pferde und dergleichen ganz zur Stadt hinaus.«[51] Der Verkauf von Fisch, Fleisch und anderen leicht verderblichen Waren verlief zumindest in den langen Wintermonaten sauber und geruchlos, da sich die Märkte in ein riesiges Kühlhaus verwandelten und den Kunden alles tiefgefroren erreichte. Beim ersten Tauwetter allerdings wurde die natürliche Kühlhalle zu einer großen Abfallhalde, so daß sich jeder Petersburger glücklich schätzte, der im hauseigenen Eiskeller genug Vorräte lagern konnte. Kohl schrieb dazu: »So lange die starre Winterkälte alles Flüssige gefangen hält und der Schnee jede Unsauberkeit mit weißem Teppiche verhüllt, geht es ganz schicklich und leidlich reinlich auf diesem Heuplatze her [gemeint ist der Heuplatz, der auch bei Dostojewski in *Schuld und Sühne* mehrmals vorkommt], und es ist fast unmöglich, daß eine nicht leicht zu reparirende Unreinlichkeit passire. Doch bereitet auch eben diese Kälte für den Frühling einen Schmuz daselbst vor, dessen Anblick Jedem zu widerrathen ist, der sich seinen Appetit für die leckeren Petersburger Diner zu erhalten wünscht. Da die Winterkälte allen Kehricht und allen Abfall sogleich am Boden fesselt, so ist es unmöglich, den Platz zu reinigen. Es häuft sich daher auf demselben im Laufe des Winters eine solche Masse von Schafsaugen, Fischschwänzen, Krebsschalen, Ziegenhaaren, Heu, Mist, Speck, Blut usw. an, daß er, wenn der Frühling das freundlich deckende Tuch des Winters abgezogen, einem wahren Augiasstalle gleicht, ohne indeß das Publicum zu hindern, darin nach wie vor zu handeln und zu wandeln, zu speisen und zu trinken. Nur Der, welcher die scandalösen Fleischbänke der Wiener kennt, kann sich einen schwachen Begriff davon machen, welche gefrorene, aufgethaute und wieder gefrorene Braten hier verkauft werden [...] Die Anatomie der russischen Fleischer ist eine sehr einfache. Denn da Alles, Knochen und Fleisch, gleich hart ist, so haben sie keine Veranlassung, auf die Gelenkabtheilungen der Natur Rücksicht zu nehmen. Mit der Säge zerschneiden sie die Schweine in eine Menge einen oder ein paar Zoll dicker Scheiben, wie wir die Würste. Das Fleisch und der Speck spaltet und splittert dabei wie Holz, und die kleinen Bettlerinnen suchen sich die Fleischspänchen aus dem Schnee zusammen, wie bei uns die Sägespäne. Man fordert nicht wie bei uns einen Braten, ein Stück Fleisch, sondern eine Scheibe, einen Block, ein Scheit, einen Splitter Fett und Fleisch. – Ebenso ist es mit den Fischen; auch sie sind alle wie aus Marmor und Holz gemeißelt […] Die großen Hechte, Lachse und Hausen, an denen sonst ein jeder Zoll Glied und Geschmeidigkeit war, sind nun steif, wie durch Zauber gebannt. Um sie bei plötzlich eintretendem Thauwetter vor der Wärme zu schützen, – denn das Aufthauen würde ihrem Geschmacke wesentlich schaden – bedeckt man sie mit Schnee und Eisstückchen, in denen sie hübsch kalt liegen. Nicht selten friert die ganze Ladung in einen einzigen großen Kuchen zusammen, aus dem dann mit Zange und Brecheisen die einzelnen Fische herausgearbeitet werden müssen.«[52]

Von den Beobachtungen Johann Georg Kohls zurück zu den Sehenswürdigkeiten des Newskij. Direkt gegenüber dem Gostinyj Dwor liegt etwas zurückgesetzt die pastellblaue, mit weißen Pilastern und Säulen verzierte Armenische Kirche. Unter Katharina von Jurij Veldten 1780 errichtet, zählt sie zu den frühklassizistischen Bauwerken. Unübersehbar ist allerdings das Erbe des Rokoko, das sich im Fassadenschmuck aus weißem Stuck oberhalb der Fensterbogen im Erdgeschoß und um die Rundfenster im ersten Stock zeigt. Es fällt auf, daß sich das Bauwerk nicht in die kilometerlange Häuserflucht einfügt, die bis zum Knick am Platz des Aufstandes verläuft. Die Festlegung einer Fluchtlinie für alle Häuser auf dem Newskij geht auf einen Erlaß von Elisabeth aus dem Jahre 1745 zurück. Zwanzig Jahre später bestätigte auch Katharina diese Verordnung. Warum die Kirchen am Newskij davon abweichen, könnte daran liegen, daß man die kilometerlangen, harmonischen Fassaden der Häuser und Paläste nicht durch auffällige Fassaden von Gotteshäusern gestört sehen wollte. Möglich ist auch, daß Katharina und ihre Nachfolger die Stellung der orthodoxen Kirche etwas stärken wollten. Die Armenische Kirche, ebenso die Katholische und Protestantische wurde räumlich in die zweite Reihe zurückgesetzt und verlor so auch symbolisch an Gewicht. Einzig die Holländische Kirche steht in der Häuserflucht. Sie ist aber – von einem viersäuligen Portikus abgesehen – so schlicht, daß sie als Kirche kaum wahrgenommen wird und den Gesamteindruck der Häuserflucht nicht stört. Auf dem Weg von der Armenischen zur Holländischen Kirche passieren wir auf derselben Straßenseite zwei weitere Gotteshäuser aus der Zeit Katharinas. Die erste ist die römisch-katholische Katharinenkirche, die Vallin de la Mothe 1783 an der Stelle einer gleichnamigen Kirche aus petrinischer Zeit errichtete. Sie ist ein gutes Beispiel für die allmähliche Verdrängung des Barock und des Rokoko durch den Klassizismus. Interessant war diese Kirche lange Zeit auch dadurch, daß sich bis in die nachrevolutionäre Zeit in ihrem Innern die letzte Ruhestätte von Stanislaw II. August Poniatowski, dem letzten König Polens, befand. Poniatowski kam als Gesandter von August III., dem Kurfürsten von Sachsen und König von Polen, an den russischen Hof. Katharina war damals sechsundzwanzig Jahre alt und noch Großfürstin, als der drei Jahre jüngere Pole ihr Herz eroberte. Die Liaison lag fast zehn Jahre zurück, als sie – inzwischen Zarin – Stanislaw Poniatowski als Kandidaten

Dekabristenplatz mit dem »Ehernen Reiter«,
im Hintergrund links die Peter-und-Paul-Kathedrale

für die anstehende Königswahl nominierte und 1764 die Wahl ihres Günstlings auch durchsetzte. Einunddreißig Jahre später mußte er abdanken und verbrachte seine letzten Jahre in Petersburg.

Etwas weiter in Richtung Admiralität gelangen wir zur lutherischen Peter-und-Paul-Kirche. Bereits in den dreißiger Jahren des 18. Jahrhunderts befand sich an derselben Stelle ein gleichnamiges Gotteshaus. Das jetzige Gebäude wurde 1838 von Alexander Brüllow im neoromanischen Stil umgebaut. Zur protestantischen Kirchengemeinde gehörte seit 1710 auch eine Schule. Sie war die älteste Schule Petersburgs und hatte so berühmte Schüler wie den Architekten Carlo Rossi und den Komponisten Modest Mussorgskij.

Der Eherne Reiter

Einen der schönsten Plätze Petersburgs schmückt das berühmte Denkmal für Peter den Großen. Es war das erste Denkmal in Petersburg überhaupt. Schon wenige Jahre nach ihrer Thronbesteigung ging Katharina dieses Vorhaben an, mit dem sie nicht nur Peter, sondern auch sich selbst als seiner wahren Nachfolgerin ein Denkmal setzen wollte. 1765 beauftragte sie ihren Gesandten in Paris mit der Aufgabe, einen begabten Bildhauer zu finden, der bereit wäre, nach Rußland zu kommen und dort für ein nicht allzu hohes Honorar ein originelles und zugleich monumentales Denkmal zu errichten. Diderot, der sich auch später noch viele Male für die Belange der Kaiserin einsetzen sollte, unterstützte die Suche nach einem geeigneten Bildhauer. Schließlich wurde Étienne-Maurice Falconet unter Vertrag genommen. 1766 traf er mit seiner jungen Schülerin Marie-Anne Collot und zwei Gehilfen in Petersburg ein. Zehn Monate arbeitete Falconet an dem Modell für das neue Denkmal. Seine Vorstellungen erläuterte er in folgender Niederschrift: »Das Monument wird schlicht sein, ich werde mich darauf beschränken, ihn als Helden darzustellen, wobei ich seine Verdienste als Feldherr und Sieger nicht berücksichtigen werde, obwohl er beides war. Viel wichtiger ist die kreative Seite seiner Persönlichkeit, die des für das gesamte Reich tätigen Wohltäters, und dies ist, was den Menschen gezeigt werden soll [...] Er strebt der Spitze des Felsens zu, der das Postament bilden wird – dies ist das Symbol für die Hindernisse, die er überwinden mußte ... Er bezwang sie mit der Hartnäckigkeit eines Genies ... Mit anderen Worten, dies ist ein Denkmal für Rußland und dessen Reformator.«[53] Es gelang dem Künstler überzeugend, in der Statue den Genius Peters des Großen zu verbildlichen. Kraftvoll und suggestiv veranschaulicht das Monument die Entschiedenheit, mit der Peter seine Ideen verwirklicht hat. Den Kopf modellierte Marie-Anne Collot in nur einer Nacht, nachdem Falconet lange vergeblich daran gearbeitet hatte. In der Zwischenzeit scheute man weder Kosten noch Mühe, um einen über eintausendsechshundert Tonnen schweren Granitblock, der nur zehn Kilometer von Petersburg entfernt gefunden wurde, in die Stadt zu bringen. Dieser Granitbrocken sollte das Postament des neuen Denkmals werden. Der Transport war ein großes Problem. Mit Hilfe von Winden brachten vierhundert Menschen diesen Koloß seinem Bestimmungsort jeden Tag fünfhundert Meter näher. Das letzte Stück wurde mit einem riesigen Floß auf der Newa zurückgelegt. Nach zwei Jahren, in denen das Steinungetüm nicht nur transportiert, sondern auch von fast fünfzig Steinmetzen gleichzeitig bearbeitet wurde, kam die aus Granit gehauene

Wasserwoge am Senatsplatz (zwischenzeitlich Dekabristen-platz genannt) an. Aus diesem Anlaß ließ Katharina eine Gedenkmedaille prägen. Auf der einen Seite der Medaille ist die Imperatorin selbst abgebildet, auf der anderen der Transport des Granitsteines und die Aufschrift »Eine toll-kühne Leistung«[54]. Fünf weitere Jahre vergingen, ohne daß das Denkmal gegossen werden konnte. Falconet überwarf sich mit dem zuständigen Projektleiter und weigerte sich weiterzuarbeiten. Nach einer Reihe von Meinungsverschie-denheiten verließ Falconet schließlich 1778 Rußland für immer. Den Abguß des Denkmals mußte ein anderer Mei-ster anfertigen. Dabei kam es fast zu einer Katastrophe, als während der Gießarbeiten an der Gußform ein Leck ent-stand. Unter Einsatz von Menschenleben konnte der Riß geflickt und die Reiterstatue doch noch zu Ende gegossen werden.

Die Enthüllung des Denkmals fand aus Anlaß des hun-dertjährigen Jubiläums der Thronbesteigung von Peter I. im August 1782 statt. Das Ereignis wurde von ganztägigen Feierlichkeiten begleitet, und um seine Bedeutung zu unter-streichen, ließ Katharina alle zum Tode Verurteilten begna-digen. Das Peter-Denkmal wurde im Laufe der Jahre zu einem der Wahrzeichen der Stadt. Dazu dürften nicht nur der exponierte Standort, sondern auch seine Originalität und Monumentalität beigetragen haben. Schließlich verhalf auch Alexander Puschkin mit seiner Verserzählung ›Der eherne Reiter‹ dem Denkmal zu allgemeiner Bekanntheit.

Nach einer verheerenden Überschwemmung im Jahre 1824, die große Teile der Stadt zerstört und viele Menschen-leben gefordert hatte, polemisierte Puschkin in seiner Vers-erzählung gegen Peters vermessene Stadtgründung. Obwohl auch Bewunderung und Anerkennung für Peters schöpferische Taten herauszuhören sind, ist die Kritik deutlich. Puschkin wirft die Frage auf, ob das Schicksal des Einzelnen großen Staatsideen geopfert werden darf und ob die unerbittliche Staatsräson des absolutistischen Herrschers zu rechtfertigen ist. Wegen der überaus kritischen Worte im zweiten Teil seines Werkes konnte Puschkin nur den einleitenden ersten Teil veröffentlichen, in dem Peters Taten in günstigem Licht erscheinen. Nikolaus I. zensierte persönlich die 1834 veröffentlichte Erzählung.

Der eherne Reiter

Eine Petersburger Erzählung

Einleitung

Er stand am wellumspülten Strand
In tiefem Sinne, unverwandt
Ins Ferne schauend. Bleiern zogen
Die Fluten durch das niedere Land;
Ein Kahn trieb einsam auf den Wogen,
Und hier und da im Ufermoor
Stach eine Hütte grau hervor,
Die karge Wohnstatt eines Finnen,
Und Wald, in dem sich nie verlor
Ein Sonnenstrahl durch Nebellinnen,
Rauschte ringsum.

Stolz dachte er:
Von hier aus drohen wir dem Schweden;
Hier werde eine Stadt am Meer,
Zu Schutz und Trutz vor Feind und Fehden;
Hier hatte die Natur im Sinn

Ein Fenster nach Europa hin,
Ich brech es in des Reiches Feste;
Froh werden alle Flaggen wehn
Auf diesen Fluten, nie gesehn,
Uns bringend fremdländische Gäste.

Hin gingen hundert Jahre – und
Das Wunder mitternächt'ger Lande,
Die Stadt wuchs auf aus Meeresgrund,
In stolzem, prunkvollem Gewande
Wo einst der Stiefsohn der Natur,
Der Finne, sein betrübtes Leben
Erstritt durch Netz und Angelschnur
An öden Ufern – heute streben
An dem in Stein gefaßten Strand
Empor in goldenem Kuppelbrand
Kirchtürme, schimmernde Paläste,
Und Schiffe schneiden durch die Flut
Aus aller Welt, voll reichem Gut,
Begrüßt als gern willkommne Gäste;
Die Newa hüllte sich in Stein;
Die Wasser überspannen Brücken,
Und dunkelgrüne Gärten schmücken
Der Inseln malerische Reihn.
Und vor der jungen Metropole
Neigt Moskau demütig das Haupt,
Wie vor der Kronengloriole
Die Zarin-Witwe, machtberaubt.

Ich lieb dich, Schöpfung Peters, deine
Gestrenge, einheitliche Pracht,
In dem granitenen Gesteine

Der Newa königliche Macht,
Und deine schmucken Eisengitter,
Und deiner nachdenklichen Nacht
Durchsichtig-weißes Lichtgezitter,
Wenn ich im Zimmer, traumerwacht,
Schreib, lese ohne Licht und Lampe,
Wenn klar vor meines Fensters Rampe
Das hehre Bild der Stadt ersteht
Und von der Admiralität
Mich grüßt der Nadel Goldgefunkel
Und an dem goldnen Firmament
Die Dämmerung, kaum ward es dunkel,
In neuer Dämmerung entbrennt;
[...]
Er, der mit eherner Gebärde,
Stolz überragend Flut und Land,
Die Stadt erschuf am Newastrand
Durch sein verhängnisvolles »Werde!« ...
Wie schrecklich ragt er aus der Nacht!
In diesem Blicke – welche Macht!
Auf dieser Stirn – welch ein Gedanken!
In diesem Rosse – welche Glut!
Wo sprengt es hin in wildem Mut,
Wo sinkt sein Huf, daß Welten wanken?
O mächt'ger Zwingherr des Geschicks!
Hast du nicht so, am Eisenzaume,
Emporgeschnellt aus dumpfem Traume,
Vorm Abgrund, Rußland, festen Blicks?«[55]

Die Newa

In einer Stadt, die sich auf Dutzende von Inseln verteilt und deren Zentrum von einem wasserreichen Fluß zweigeteilt wird, werden Lebensrhythmus und Gewohnheiten der Menschen – und manchmal ihr Wohl und Wehe – vom Wasser bestimmt. Die Newa – so Puschkin im *»Ehernen Reiter«* – verlangte schon mal Opfer. Im Herbst, wenn Westwinde enorme Wassermengen aus dem Finnischen Meerbusen über die Newa in die Stadt treiben, steigt der Wasserpegel des Flusses, und je nach Stärke und Dauer des Windes kommt es zu größeren oder kleineren Überschwemmungen. Ruhig sind die Zeiten, in denen der Fluß von einer festen Eisdecke überzogen ist. Zwischen vier Monaten und einem halben Jahr währt diese winterliche Idylle, in der sich die Petersburger früher auf dem Eis vergnügten. Die Schlittenfahrt war der beliebteste Zeitvertreib: »Die nötigen Eisberge werden überall auf der Newa errichtet und bestehen aus einem ungefähr sechs Klafter [also ungefähr 12 Meter, da ein Klafter 1,8 bis 2 Meter beträgt] hohen Balkengerüst, welches an der einen Seite Treppen zum Hinaufsteigen und an der anderen eine steil abhängige Fläche hat, die mit gesägten und genau verbundenen Eisquadern belegt ist. Mannspersonen wie Frauenzimmer fahren hier auf kleinen Schlitten auf ein von Schnee gereinigtes Eisfeld hinunter [...] In dieser Zeit gleicht die Newa einem riesigen Tummelplatz, denn außer den Eisbergen werden auch Verkaufsstände sowie Häuser und Buden errichtet, die als Volkstheater und Schenken dienen.«[56] So sehr die Petersburger auch die weiße Jahreszeit mochten, so sehr sehnten sie doch nach langen Monaten auch ihr Ende herbei. Wenn das Eis der Newa brach, kam endlich der Frühling. Johann Georg Kohl berichtete vom eindrucksvollen Ritual des Eisbrechens: »Erst im Anfange des Aprils, selten am Ende des März, sind die Gewässer warm und kräftig genug, um den sie drückenden Eismantel zu sprengen. Dieser Augenblick wird mit Sehnsucht erwartet, und kaum schieben sich die schmutzigen Eisschollen vor, den glatten Spiegel des Flusses so weit enthüllend, daß einem überfahrenden Boote freie Bahn vergönnt ist, so erdonnern die Kanonen von der Festung, diesen erwünschten Moment den Bewohnern verkündend. Zur selben Zeit, sei es Tag oder Nacht, steigt der Commandant der Festung, mit allen Insignien seines Ranges angethan und von seinen Offizieren begleitet, in eine prächtig geschmückte Gondel, zum gegenüber liegenden Palaste des Kaisers zu fahren. In einen großen, schönen Krystallbecher schöpft er das klare Newawasser, um es als die erste und schönste Gabe des Flusses dem Kaiser im Namen des Frühlings darzubringen. Er meldet seinem Herrn, daß die Gewalt des Winters gebrochen sei, daß die Gewässer wieder frei seien und eine fröhliche Schiffahrt gehofft werden könne, zeigt ihm als den ersten Wasserschwan seine Gondel am Ufer, die er glücklich herübergebracht, und überreicht ihm den Newabecher, den der Fürst auf die Gesundheit seiner Residenz leert. Es ist das am besten bezahlte Glas Wasser, das irgendwo auf dem Erdrunde getrunken wird. Denn der Sitte gemäß giebt der Kaiser es dem Commandanten mit Gold gefüllt zurück. Früher bekam er es gestrichen voll Ducaten. Da aber mit der Zeit die Becher immer mehr an Größe zunahmen, so daß die Kaiser immer mehr und mehr Wasser trinken und immer mehr und mehr Gold bezahlen mußten, so wurde endlich die Summe auf 200 Ducaten festgesetzt, die dem Commandanten zugezählt werden. Gewiß noch immer für einen Trunk Wassers ein kaiserlicher Lohn.«[57]

Nachdem die letzten großen Eisschollen die Stadt verlassen hatten, mußten die neun Pontonbrücken über die Newa und ihre Arme wieder errichtet werden. Jede Brücke unterstand einem Brückenkommandanten, der diese Arbeit beaufsichtigte. Drohten während des Tauwetters größere, gefährliche Eisschollen aus dem Ladogasee die Stadt zu erreichen, mußten die Brücken schleunigst wieder abgebaut werden. Es kam vor, daß die wichtigste Brücke der Stadt, die das Festland mit der Wassilij-Insel verband, an einem einzigen Tag zwei- oder dreimal ab- und wieder aufgebaut werden mußte. Das kostete die Staatskasse jedesmal mehrere Hundert Rubel. Bei einer Benutzungsgebühr von einer Kopeke[58] für einen Fußgänger, zwei Kopeken für ein Pferd und fünf Kopeken für eine Kutsche darf bezweifelt werden, daß sich die Gebührenerhebung überhaupt rentierte. Da dürfte es Kaiserin Elisabeth nicht sehr schwergefallen sein, anläßlich der Geburt des Großfürsten Paul in einer »großzügigen Geste« diese Gebühren abzuschaffen. Lediglich Schiffe, für deren Durchfahrt nachts der bewegliche Teil der Pontonbrücken aufgemacht werden mußte, zahlten auch weiterhin jeweils einen Rubel.

Ob gebührenfrei oder nicht, die Petersburger waren stets froh, wenn die Pontonbrücken, die von kleinen Holzbarken getragen wurden, aufgeschlagen waren. Das Überqueren der Newa war dadurch um einiges einfacher. Die Pontonbrücken waren noch nicht lange eingeführt. Unter Peter dem Großen konnte die Newa im Sommer nur auf Barken oder anderen kleinen Schiffen überquert werden. Peter liebte Schiffe jeder Art und Größe. Er konnte gar nicht genug davon sehen. Also untersagte er den Bau von Brücken über die Newa und hatte sein Vergnügen daran, aus seinem Sommerpalast das bunte Getümmel von Schiffen zu beobachten. Als nach ihm die Frauen an die Macht kamen, wurde das anders. Bereits Anna Ioanowna ließ die erste Pontonbrücke über die Newa errichten. Zwischen der damaligen, noch aus petrinischer Zeit stammenden Isaaks-Kathedrale und dem Menschikow-Palast gelegen, verband sie die Wassilij-Insel mit dem Festland. Zu Katharinas Zeit konnten die Petersburger bereits sieben Schiffsbrücken benutzen. Dauerte jedoch in manchen Jahren der Eisgang zu lange an, so daß die Pontonbrücken nicht errichtet werden konnten und über das Eis auch kein sicheres Fortkommen mehr möglich war, konnten einzelne Stadtteile tagelang vom Festland und voneinander abgeschnitten sein.

Die allgegenwärtige Newa – das eine Mal ein gefährlicher und gefräßiger Strom, der alles mitreißt, ein anderes Mal eine friedliche Eisfläche für die Vergnügungen der Petersburger, dann wieder eine unüberwindbare Barriere zwischen den Stadtteilen, ein Kostenfaktor, eine Erwerbsquelle. Nicht nur Händler, Werft- und Hafenarbeiter, Matrosen und Schiffsbetreiber hatten ihr Auskommen, auch Fischer und Eisschneider verdienten gutes Geld. Der kühle Rohstoff für die vielen privaten Eiskeller und die Fisch- und Fleischhändler konnte direkt in der Stadtmitte gewonnen werden. Die Eiskeller waren für die Frischhaltung der Lebensmittel nötig, weil der Sommer zwar kurz, aber recht heiß werden konnte: »In Petersburg lassen sich nahe an 10000 Eiskeller zählen. Man kann sich denken, daß es kein unbedeutendes Geschäft ist, diese große Anzahl von Kellern mit dem ihnen nöthigen Eise zu versehen. – Es ist gewiß kein zu hoher Satz, wenn man annimmt, daß jeder jener 10000 Keller an 50 Schlittenladungen zu seiner Füllung nöthig hat. Die Fischhändler, Fleisch- und Kwas-Verkäufer usw. haben oft so große Keller, daß mehre hundert Fuhren für sie nicht reichen. Die Bierbrauereien, Branntweinbrennereien usw. verbrauchen ganz enorme Quantitäten von Eis. Es würden demnach jährlich 500 000 Ladungen desselben aus der Newa gefördert werden, was man indeß gewiß nur als Minimum gelten lassen kann, und auf jeden Einwohner der Stadt käme im Jahre der Verbrauch einer Schlittenladung Eis. Eis ist die Waare, die man in Mitte des Winters am meisten verfahren sieht. Ganze lange Reihen mit Eisschollen beladener Schlitten steigen aus der Newa auf, und viele Tausende von Menschen sind auf allen Flußarmen beschäftigt, dieses kühle Product aus dem Wasser zu holen [...] In den Kellern werden die Eisspiegel regelmäßig über einander gelegt, und zu beiden Seiten große Mauern davon aufgeführt. In diese Mauern haut man alsdann allerlei Bänke und Nischen aus, um Milch, Fleisch usw. in diese kühlen Höhlungen bequem einstellen zu können. So ist es gewöhnlich in den ordentlich gehaltenen Kellern. National russisches Verfahren ist es aber, die Schollen blos in den Keller hineinzuwerfen, sie mit dem Beile zu zertrümmern und in alle Ecken fest einzukeilen. Man könnte denken, daß diese Zertrümmerung der Consistenz und Dauerhaftigkeit des Eises schade. Dieß ist aber keineswegs der Fall. Vielmehr frieren nach einiger Zeit, wenn sie so überall fest eingekeilt wurden, die sämmtlichen Splitter durch ihre eigene Kälte zu einer einzigen festen Masse zusammen, auf welche dann nun die zu conservierenden Waaren aufgepackt werden. Das Eis schmilzt in diesen Kellern nicht so leicht, und es verzehrt sich wohl mehr durch Verdunstung als durch Abschmelzung. – Die Russen sind so sehr an diese Eiskeller gewöhnt, daß sie gar keinen Begriff davon haben, wie eine Haushaltung ohne sie bestehen könne, und ihre Hausfrauen gerathen in die größte Sorge und Noth, wenn sie bemerken, daß sie für die Bedürfnisse ihres Hauses im Winter nicht Eis genug anfahren ließen, und ihnen der Vorrath ausgeht. – Man kann im Ganzen annehmen, daß die Vorrichtung der Eiskeller mit eingerechnet, der Stadt Petersburg ihr Eisverbrauch gewiß jährlich an 2 bis 3 Millionen Rubel kostet. Eine Ausgabe, welche unsere Städte nicht kennen.«[59]

Das Winterpalais, die Kleine und die Alte Eremitage

Elisabeth, die Erbauerin des azurblauen Winterpalastes, hat die Fertigstellung ihres barocken Domizils nicht erlebt. Sie starb kurz bevor die ersten Räume bezugsfertig waren. Peter III. erlebte zwar die Einweihung der neuen Winterresidenz, da er aber nach nur sechsmonatiger Regierungszeit schon starb, konnte auch er den neuen Wintersitz nicht richtig in Besitz nehmen. So war Katharina II. die erste wirkliche Herrin des neuen Palastes, dessen Dimensionen man sich kaum vorstellen kann: Mit über eintausend Räumen bildete er eine Welt für sich. Selbst der Minister des kaiserlichen Hofes soll nach zwölf Dienstjahren nicht alle Winkel des Palastes gekannt haben. In der kilometerlangen Aneinanderreihung von Räumen tummelten sich unentwegt an die sechstausend Menschen – vom einfachen Stall- und Küchenjungen bis zur reichen und gebildeten Prominenz aus aller Welt. Sogar Diderot war einige Monate Gast der Kaiserin. Den größten Teil der Palastbewohner stellte das Personal. Hunderte von Menschen – Dienstboten, Köche, Kellermeister, Heizer, Wasserschöpfer, Wäscherinnen, Schneider, Wachpersonal und noch unzählige andere standen im Dienst der Zarenfamilie. Selbst auf dem Dach des Winterpalastes hatten sich Bewohner eingerichtet: »Die Wächter auf den Dächern des Palastes, die zu verschiedenen Zwecken dort postirt waren, unter Anderem auch, um die großen, daselbst errichteten Wasserkübel zu füllen und das Wasser darin im Winter mit hineingeworfenen glühenden Kugeln beständig flüssig zu erhalten, erbauten sich Hütten zwischen den Schornsteinen des Hauses, wie die Sennhütten auf einem Gebirge, holten ihre Frauen und Kinder hinauf, ja hielten sogar Geflügel und Ziegen daselbst, die das Gras des Daches abweideten; es sollen sich hier auch einmal einige Kühe eingeschlichen haben [...].«[60]

Wie groß die Winterresidenz auch war, für ihre privaten und intimen Zusammentreffen oder auch für Augenblicke des Alleinseins scheint Katharina dennoch nicht die passenden Räumlichkeiten gefunden zu haben. Deshalb beauftragte sie schon zwei Jahre nach ihrer Thronbesteigung Vallin de la Mothe und Jurij Veldten mit dem Bau eines Pavillons, der zur Newa hin mit dem Winterpalast eine Flucht bilden sollte. Die horizontale Gliederung der Fassade des Pavillons korrespondiert mit der des barocken Winterpalastes; die vertikale dominiert ein sechssäuliger Portikus, der dem Stil des frühen Klassizismus treu bleibt, jedoch die Säulenflut des Winterpalastes in abgemilderter Form aufgreift. Damit schließt sich die klassizistische Front der Kleinen Eremitage harmonisch an das barocke Palais von Rastrelli an. Mit dem Pavillonsaal der Kleinen Eremitage hat die Kaiserin einen »Zaubertempel für die Musen und die Muße für die Conversation mit den Gelehrten und die Conservation der Kunstproduckte [...] und es ist bekannt genug, wie reizend, wie geschmackvoll, wie prächtig und üppig sie darin die Abende verbrachte, wenn sie die Geschäfte in dem von Elisabeth erbauten Winterpalaste beendet hatte und über die bedeckten

Gänge und Brückenwege, durch welche derselbe mit der Eremitage in Verbindung gesetzt wurde, in die schönen Räume ihrer zauberischen Schöpfung eintrat, wo sie unter ihren Auspicien und im Schatten ihrer Macht eine Republik von Gelehrten und Künstlern gegründet hatte.«[61] Dieser »Republik von Gelehrten« gehörte über sechs Monate auch Diderot an. Die Kaiserin hörte sich gerne seine »Gedankenspinnereien« über eine notwendige Agrarreform und die Abschaffung der Leibeigenschaft an: »Man gestattet mir, alles zu sagen, was mir durch den Kopf geht«, schreibt Diderot in einem Brief.[62] Umgesetzt wurde nichts davon. Aber ganz Europa wußte, daß Katharina im täglichen Gedankenaustausch mit einem bedeutenden Philosophen stand. Es war schick, sich am Hofe einen Philosophen zu halten. Friedrich II. hatte seinen Voltaire und Katharina II. ihren Diderot. Diderot meinte, in Katharinas Schuld zu stehen. Als er sich im Jahre 1765 in finanzieller Not befand, kaufte Katharina ihm seine ganze Bibliothek ab. Er durfte sie jedoch behalten, und Katharina engagierte ihn als Bibliothekar für seine eigenen Bücher. Die Entlohnung war fürstlich und wurde darüber hinaus auch noch fünfzig Jahre im voraus gezahlt.

Als Fortsetzung des Pavillonsaals nach Süden hin wurde von Katharina ein hängender »Garten mit Blumen, Gebüschen und hohen Bäumen geschaffen, der im Winter durch unterirdische Gewölbe geheizt und im Sommer illuminiert wurde, und Manchem mochte es hier in der That herrlicher zu sein dünken als auf dem griechischen Olymp.«[63] Als Abschluß des Gartens im Süden und als Weiterführung der Fluchtlinie des Winterpalastes auf der Schloßplatzseite entstand ein weiterer Pavillon. Die dortigen Räumlichkeiten waren für Grigorij Orlow bestimmt, den damaligen Liebhaber der Kaiserin. Mit dieser sogenannten Kleinen Eremitage besaß Katharina nun einen Ort, wo sie sich ungestört ihren privaten Vergnügungen hingeben konnte. Ihre angebliche Äußerung »nur ich und die Mäuse können diese ganzen Herrlichkeiten bewundern«, darf man allerdings nicht ganz wörtlich nehmen.

Da Katharinas Bildersammlung schnell wuchs, entstand bereits in den siebziger Jahren des 18. Jahrhunderts ein weiteres Gebäude zur Unterbringung der in Westeuropa gekauften Kostbarkeiten. Jurij Veldten, der mit dieser Aufgabe beschäftigt war, errichtete mit der sogenannten Alten Eremitage ein sehr schlichtes Bauwerk. Quarenghi fügte dem Gebäude im Osten eine zweigeschossige Galerie an. Das erste Stockwerk ist ganz einer großartigen Kopie gewidmet: Katharina ließ hier maßstabgetreu die von ihr so geschätzten Fresken der vatikanischen Raffael-Loggien nachbilden. Im Erdgeschoß wurden die Bibliotheken von Diderot und Voltaire untergebracht. Allein Voltaires Bücherbestand zählte sechstausendzweiundneunzig Bände. Allerdings blieben die von Katharina zusammengeführten Bibliotheken der französischen Gelehrten verschlossen. Nur Puschkin soll es später gelungen sein, durch eine persönliche Genehmigung von Nikolaus I. Zutritt zu Voltaires Büchern zu erhalten. Dideros Bücher bekam aber auch er nicht zu Gesicht. Katharina ließ sie nach den Schreckensnachrichten über die Französische Revolution im Gesamtbestand der kaiserlichen Bibliothek verteilen. Damit hatte sie das »große Gespenst Diderot«, das durch die Französische Revolution wieder lebendig geworden war, auf immer und ewig verscheucht. Die Bücher des Freigeistes und Aufklärers waren nicht mehr aufzufinden. Ein später Sieg der Kaiserin über den großen Denker.

III. EIN NEUES JAHRHUNDERT:
DIE MÄNNER SIND
WIEDER AN DER MACHT

Paul: Ein kurzes Intermezzo

Am Abend des 6./17. November (Julianischer/Gregorianischer Kalender) 1796 ging die Herrschaft der Frauen, die über ein halbes Jahrhundert andauerte, zu Ende. Katharina II. starb mit achtundsechzig Jahren an den Folgen eines Schlaganfalls. Als Thronfolger hätte sie gerne ihren ältesten Enkel Alexander gesehen. Es kam anders, obwohl es Gerüchten zufolge eine entsprechende schriftliche Nachfolgeregelung gegeben haben soll. Wenn es so war, dann müssen sie die Vertrauten von Katharinas Sohn Paul vernichtet haben. Vielleicht hatte es Katharina aber einfach versäumt, ihren Enkel offiziell als Nachfolger zu bestimmen. Wie dem auch sei, man fand keine schriftliche Willensäußerung der Kaiserin, und so erbte Katharinas Sohn Paul den russischen Thron. Er war gekränkt und beleidigt, weil er erst mit zweiundvierzig Jahren die Krone aufsetzen durfte. Sein Leben lang sah er in seiner Mutter eine Usurpatorin, die ihn seiner Rechte beraubt hatte. Der in seiner Eitelkeit zutiefst verletzte Sohn ließ, kaum an die Macht gekommen, seinen Rachegefühlen freien Lauf. Als erstes ließ Paul seinen vermeintlichen Vater, Peter III., exhumieren. Katharina hatte ihren seinerzeit ermordeten Gatten nicht, wie es Brauch war, in der kaiserlichen Grabeskirche, der Peter-und-Paul-Kathedrale, beisetzen lassen. Sie wollte vermeiden, daß sich Peter III. als rechtmäßiger Kaiser der Romanow-Dynastie in das Gedächtnis der Menschen einprägen konnte. Nicht Kaiser im

Tod – nicht Kaiser im Leben. Auch die Mordtat konnte so besser in Vergessenheit geraten. Paul aber vergaß nicht. Die Überreste seines Vaters wurden in einer spektakulären Überführung, bei der die Petersburger Bevölkerung per Verordnung die Straßen zu säumen hatte, in das Winterpalais gebracht. Die Herrscherkrone in Händen, führte Alexej Orlow, einer der vermeintlichen Mörder Peters III., den Trauerzug an. Nachdem der Sarg mit den sterblichen Überresten im Winterpalais ausgestellt worden war, kam er schließlich in die Peter-und-Paul-Kathedrale. Dort wurde Peter III. neben Katharina II. beigesetzt.

Als nächstes versuchte Paul möglichst alles, was ihn an seine Mutter erinnerte, zu vernichten. Katharina schmückte sich mit französischen Enzyklopädisten, also fielen sie in Ungnade, wie überhaupt alles Französische verpönt war, auch die Mode und die Etikette. Dafür wurde das Preußische wieder modern, ganz wie zu Zeiten Peters des Dritten. Die Petersburger sahen ungute Zeiten auf sich zukommen, und sie sollten Recht behalten. Wenn der neue Kaiser durch die Stadt fuhr, mußten nicht nur sämtliche andere Kutschen anhalten, die männlichen Insassen hatten sogar auszusteigen und mit gezogenem Hut dem vorbeifahrenden Kaiser zu huldigen – auch bei Regen, Schnee und klirrender Kälte. Die Damen durften immerhin auf dem Trittbrett des Gefährts ›Stellung einnehmen‹. Die Folge war, daß die Petersburger es möglichst vermieden, dann auszufahren, wenn der Kaiser üblicherweise durch die Stadt fuhr.

Pauls Launen konnten auch den gewohnten Tagesablauf der Stadtbewohner durcheinander bringen. Eines Tages soll Paul, als er gerade seine Mittagsruhe hielt, von Glockengeläut gestört worden sein. Als ein Diener der Sache nachging, stellte sich heraus, daß es das Mittagsläuten im nahegelegenen Palais der Stroganow war. Der wütende Paul soll daraufhin einen Polizisten zu den Stroganows geschickt und befohlen haben, in Zukunft das Mittagessen zwei Stunden früher stattfinden zu lassen. Diese Anekdote zeigt, welch haarsträubende Anordnungen Paul erlassen konnte. Auch einige Petersburger Bauten traf es hart: das Taurische Palais zum Beispiel, ein wunderschönes Zeugnis des reifen Klassizismus. Es war ein Geschenk Katharinas an Potjomkin, in dem in ihrer Anwesenheit rauschende Feste gefeiert wurden. Paul ließ dort ein Regiment der Gardekavallerie einquartieren, elegante Säulensäle zu Stallungen umbauen und das wunderschöne, von Schubin in weißen Marmor gehauene Standbild der Katharina buchstäblich vor die Tür setzen. Wenig Glück hatte auch der ehemalige Sommerpalast von Elisabeth. Er wurde abgetragen und an seiner Stelle entstand das Michaels-Schloß, das von Baschenow und Brenna errichtet wurde. Für dieses Schloß wurden andere Petersburger Bauten regelrecht geplündert. Wegen des schnellen Bautempos mangelte es ständig an irgendwelchen Gestaltungselementen, und man bediente sich einfach der Säulen und Verzierungen anderer Gebäude. Marmor zum Beispiel holte man sich einfach von der Baustelle der Isaaks-Kathedrale, so daß das Bauwerk im unteren Bereich, der noch während der Regierungszeit Katharinas II. entstand, mit Marmor verkleidet war, der obere, der unter Paul fertiggestellt wurde, jedoch nur mit Ziegelstein.

Schon kurz nach Pauls Thronbesteigung wurden Komplotte diskutiert, wie es eine Notiz Puschkins über ein Gespräch zwischen Alexej Orlow und einer Verwandten von Puschkins Gattin belegt: »›Wir sprachen von Pawel I.‹ ›Was für eine Mißgeburt! Wie man den bloß ertragen kann!‹ – ›Aber mein Lieber, was meinst du, ist da zu tun? Man kann ihn doch nicht einfach erwürgen!‹ – ›Warum denn nicht?‹ So ein Mensch war das.«[64] Auch Puschkin selbst hatte unangenehme Erinnerungen an diesen Kaiser. Als Erwachsener schrieb er nieder, was ihm seine Kinderfrau erzählt haben muß: »Erste Eindrücke. Der Garten Jussupow. Das Erdbeben. Njanja …«[65] Puschkin muß ein oder zwei Jahre alt gewesen sein, als ihn seine Amme im Garten der Jussupows spazieren fuhr. Zufällig kam Kaiser Paul vorbei und überschüttete die Amme mit Vorwürfen. Sie hatte dem kleinen Alexander Puschkin das Mützchen nicht abgenommen als der Kaiser vorbeiging und damit die neuen Verhaltensvorschriften verletzt.

Mit fast viereinhalb Jahren regierte Paul um ein Vielfaches länger als sein Vater. Als es dann zum Umsturz kam, war es Pauls Sohn Alexander, der die nächtlichen Ereignisse im März 1801 stillschweigend duldete. Die Verschwörer drangen in das Michaels-Schloß ein – Paul war gerade erst eingezogen und glaubte hier endlich sicher zu sein – und nach mehreren vergeblichen Versuchen, den Kaiser zu töten, erwürgten sie ihn schließlich mit einer Schärpe.

Nachdem Alexander vom Tod seines Vaters unterrichtet worden war, trat er vor die versammelte Garde mit den Worten: »Mein Vater ist an den Folgen eines Schlaganfalls verstorben. Unter meiner Regierung soll alles so werden, wie es unter der Regierung meiner geliebten Großmutter, der Kaiserin Katharina, gewesen ist.«[66] Von den frühen Stunden des folgenden Tages an wurde in Petersburg so ausgiebig gefeiert, daß den Weinhändlern gegen Abend der Champagner ausgegangen sein soll. Paul geriet schnell in Vergessenheit. Nur sein Palais, das sich durch das satte Rot von den meisten Bauten Petersburgs abhebt, erinnert an den Bauherrn und sein trauriges Schicksal.

Alexander: Retter Europas

Mit Beginn des neuen Jahrhunderts übernahm ein neuer Kaiser die Führung des großen Reiches. Erst vierundzwanzigjährig, gebildet und den Ideen des aufgeklärten Absolutismus verpflichtet, weckte Alexander I. bei all denen große Hoffnungen, die der Bauernbefreiung und anderen gesellschaftlichen Veränderungen positiv gegenüberstanden. Man bildete Kommissionen, diskutierte und legte dem Kaiser schließlich einen auf Gewaltenteilung basierenden Verfassungsentwurf vor. Letztendlich aber scheiterten die geplanten Neuerungen am Widerstand des Adels. Die Enttäuschung war groß, aber dieses Problem rückte in den Hintergrund angesichts der Bedrohung, die von außen kam. Unter Führung Napoleons überschritt ein gewaltiges französisches Heer die russische Grenze. Alexander nahm Napoleon zunächst offenbar nicht ganz ernst. Als sich das französische Hauptquartier in Wilna befand, schickte er dorthin seinen General Balaschow mit einer Handnotiz. Darin bot Alexander an, den ganzen Vorfall zu vergessen, wenn Napoleon den russischen Boden verließe. Der Korse muß daraufhin voller Wut den russischen General gefragt haben, wo der Weg von Wilna nach Moskau sei. Der russische General soll geantwortet haben: »Man sage doch, alle Wege führten nach Rom.[67] Nach Moskau nehme jeder den Weg, den er sich wünsche, Karl XII. hat den über Poltawa gewählt.«[68] Napoleon wählte den Weg über Smolensk. In Petersburg sah man alles noch relativ gelassen. Alexanders Gemahlin Elisabeth schrieb einen beruhigenden Brief an ihre Mutter in Deutschland: »Liebe, gute Mama, sicherlich sind Sie in Deutschland sehr schlecht unterrichtet, was sich bei uns zuträgt. Vielleicht haben Sie sogar schon geglaubt, wir seien bis ins äußerste Sibirien geflohen. Aber wir haben St. Petersburg noch nicht verlassen. Wir sind auf alles gefaßt und denken nicht an Verhandlungen. Je weiter Napoleon vorrückt, um so weniger darf er sich einbilden, mit uns Frieden schließen zu können. Darüber sind wir uns alle einig, der Kaiser und die ganze Nation in all ihren Schichten … Jeder weitere Schritt, den Napoleon sich in dieses ungeheure Rußland vorwagt, bringt ihn näher an den Abgrund heran …«[69] Aber dann kam es zur Schlacht bei Borodino. Siebzigtausend Menschen mußten ihr Leben lassen, doch weder Franzosen noch Russen gingen als Sieger hervor. Der russische Oberbefehlshaber Kutusow zog sich zurück, und Napoleon konnte Anfang September 1812 Moskau kampflos einnehmen. Jetzt stürzten sich die Petersburger in aufgeregte Aktivität. Wertgegenstände wurden eingepackt und Richtung Sibirien geschickt, und die Bewohner der nördlichen Residenz rechneten damit, bald gegen Osten abreisen zu müssen. Auch der Direktor des von Alexander gegründeten Lyzeums in Zarskoe Selo, wo Puschkin gerade seine Ausbildung zum Staatsbeamten absolvierte, unternahm entsprechende Schritte. Er ließ allen seinen Schülern vom kaiserlichen Schneider mit Schaffell gefütterte Mäntel anfertigen. Daß diese Pelze dann doch nicht getragen werden mußten, war der stoischen Arroganz Alexanders und einer großen Portion Glück zu verdanken. Zwei Tage nachdem Napoleon in Moskau sein Lager aufgeschlagen hatte, stand die ganze Stadt in Flammen. In einem Schreiben an Alexander versicherte Napoleon seine Unschuld an dem Brand. Gleichzeitig bot er Frieden an. Die Lage Napoleons war denkbar ungünstig. Aller Vorräte beraubt, die er in Moskau glaubte nutzen zu können, und konfrontiert mit dem früh einsetzenden Winter, für den seine Armee nicht ausgerüstet war, wartete er ungeduldig auf die Friedensbestätigung Alexanders. Sie kam aber nicht. Zwei weitere Friedensangebote Napoleons blieben ebenfalls unbeantwortet, worauf sich die um mehr als die Hälfte geschrumpfte, ehemals fünfhunderttausend Mann zählende Grande Armée auf den Rückweg begab. Der Rückzug sollte über Kaluga führen, doch diesen Weg schnitt Kutusow den Franzosen ab. Jetzt waren sie gezwungen, die »Verbrannte Straße« über Smolensk zu nehmen, jenen Weg, den sie beim Einmarsch nach Russand gewählt hatten und der jetzt vollkommen verwüstet war. Die Qualen des Hungers und der Kälte überlebten lediglich zwanzigtausend Mann. Alexander I. hätte sich nach dieser unerwarteten Entwicklung zurücklehnen und zufrieden auf den Ausgang der Geschichte blicken können. Er beschloß jedoch, nachdem er das Weihnachtsfest mit seinen Truppen in Wilna gefeiert hatte, dem Rest der Grande Armée hinterherzujagen. Er marschierte in Hamburg, Berlin und Wien ein, gewann die Schlachten bei Lützen, Bautzen, Dresden, Kulm und Leipzig und zog im März 1814 triumphierend in Paris ein.

Neuer Glanz für St. Petersburg

Jede große Bauphase Petersburgs zeigt eindrucksvoll, wie Architektur die geschichtliche Entwicklung eines Landes und den Zeitgeist widerspiegeln kann: Den petrinisch nüchternen, strengen Barock, den üppigen, verschwenderischen Barock der elisabethanischen Zeit und den spätbarocken, schon recht klaren Klassizismus der Katharina. In der Architektur der alexandrinischen Zeit läßt sich deutlich der Ausdruck von Machtfülle, Überlegenheit, und Selbstbewußtsein erkennen. Seit dem Sieg über Napoleon verziert martialischer Bauschmuck die klassizistischen Fassaden. Während sich Katharinas Architekten vor allem an römischen Vorbildern orientierten, versuchte man in alexandrinischer Zeit das griechische Original nachzuahmen. Monumentalität wird nun durch Einfachheit, Strenge und Klarheit, nicht durch Vielfalt, Üppigkeit und kostbare Materialien erreicht. Der Kunsthistoriker Louis Réau äußerte in diesem Zusammenhang, daß aufgrund der geschichtlichen Umstände nicht Paris, sondern Petersburg »la ville Empire par excellence« wurde.[70] Deshalb wohl wird Alexander I. auch »Bauherr des Sieges« genannt. Aber nicht nur der geschichtliche Rahmen war in jener Zeit von maßgeblicher Bedeutung. Die Arbeit der Architekten der alexandrinischen Zeit wurde auch dadurch bestimmt, daß sie für ihre Bauprojekte nicht mehr die gestalterische und räumliche Freiheit hatten wie ihre Vorgänger. Alles Neue mußte sich dem bereits bestehenden Ganzen unterordnen. Zu Beginn der alexandrinischen Zeit waren in Petersburg die meisten großen kaiserlichen Bauprojekte bereits vollendet. Die Architekten mußten sich damit begnügen, die wenigen in der Stadt noch vorhandenen Lücken zu füllen. Den Anspruch, alles Neue in einen harmonischen Bezug zum Bestehenden zu setzen, erfüllte der Architekt Carlo Rossi meisterhaft. Eines seiner ersten und zugleich schwierigsten Projekte war die Bebauung des südlichen Teils des Schloßplatzes. Er verwarf den Entwurf von Rastrelli, der den Platz in Anlehnung an Berninis Petersplatz mit Rundkollonaden versehen wollte und dessen Mitte ein Denkmal für Peter den Großen dominieren sollte. Statt dessen entschied sich Rossi für eine gewagte Komposition: Das Gebäude des Generalstabs erhielt die Form eines zum Schloßplatz hin rund ausgeschnittenen Dreiecks. Während das Halbrund des Dreiecks der Breite des Winterpalastes entspricht, reiht sich die zweite Seite des Dreiecksgebäudes an die Häuserzeile des Newskij und die dritte verläuft entlang der Mojka. Die enorme Weite des so entstandenen Schloßplatzes – zweihundertdreißig Meter zwischen dem Winterpalast und dem Generalstabsgebäude, eintausend Meter zwischen der Admiralität und der Mojka[71] – wird zentriert und faßbar durch die in der Mitte errichtete Alexandersäule, die von Nikolaus I. bei Monteferrand in Auftrag gegeben wurde. Ein nicht ganz so schwieriges Unterfangen war der Bau des Michaelspalais auf dem Platz der Künste. Dort mußte Rossi keine Bezüge zu bereits Vorhandenem herstellen, er konnte die Bebauung des gesamten Platzes selbst gestalten. Nacheinander entwarf er die Pläne für das Mussorgskij-Theater und das Gebäude der Adelsversammlung[72]. Neben dem Theater entstanden ebenfalls nach seinen Plänen zwei Wohnhäuser und gegenüber, auf der anderen Seite des weiträumigen Platzes, ein drittes Wohnhaus.

Rossi baute noch ein weiteres monumentales Werk an der Prachtstraße Newskij – das Alexandra-Theater. Auch hier mußte ein Platz neu gestaltet werden. Allerdings waren im Osten die Pavillons des Anitschkow-Palastes und im Norden der Newskij-Prospekt zu berücksichtigen. Außerdem stand bereits an der Ecke Sadowaja-Straße und Newkij ein Teil der Saltykow-Schtschedrin-Bibliothek, die in das Gesamtkonzept mit einbezogen werden mußte. Rossi erweiterte das Gebäude der Bibliothek und griff mit ihrer klassizistischen Fassade Gestaltungselemente des Theaters auf. Das alte und neue Gebäude der Bibliothek vereinte Rossi unter einer gemeinsamen Attika, von wo aus die Göttin Minerva ihren Schützlingen beistehen sollte. Als Verbindung zwischen Alexandra-Theater und Lomonossow-Platz errichtete Rossi eine in ihren Proportionen vollkommene Straße, die in der Zarenzeit schlicht Theater-Straße hieß und seit 1923 seinen Namen trägt. Die Gebäude zur Rechten und Linken wiederholen die Gestaltungselemente des Theaters. Sie sind zweiundzwanzig Meter hoch. Die Breite der Straße entspricht genau dieser Höhe und ihre Länge dem Zehnfachen ihrer Breite.

Das letzte und auch mit einigen Schwierigkeiten verbundene Projekt Rossis war der südwestliche Abschluß des Dekabristenplatzes (auch Senatsplatz genannt). Den Neubau eines Gebäudes für Senat und Synode (den obersten weltlichen und kirchlichen Behörden) ordnete Alexander I. bereits im Jahre 1818 an. Verwirklicht wurde der Bau allerdings erst einige Jahre später unter seinem Nachfolger Nikolaus I. Hier mußte Rossi die im Nordosten stehende Admiralität, den im Süden gerade entstehenden vierten Neubau der Isaaks-Kathedrale und das ungefähr einhundert Meter südlich und parallel zur Newa stehende Gebäude der Manege berücksichtigen. In die Gesamtkonzeption des Platzes mußte außerdem auch noch das außerordentlich auffällige Denkmal für Peter den Großen einbezogen werden. Um ein harmonisches Ensemble zu schaffen, übernahm Rossi beim Bau des neuen Senats und der Synode verschiedene Elemente, die der Architekt Sacharow bereits beim Umbau der Admiralität verwendet hatte. Wie schon Sacharow betonte auch Rossi die Mitte des Gebäudekomplexes durch einen Bogen. Die Fassaden des Senats und der Synode wiederholen die drei Portiken des Seitenflügels der Admiralität. Im Vergleich zu anderen von Rossi geplanten Gebäuden sind der Senat und die Synode rhythmischer und plastischer und korrespondieren mit dem vor Bewegung und Dynamik strotzenden Denkmal Peters des Großen. Manche Kunsthistoriker sprechen diesem Gebäudekomplex einen »barokken Geist« zu.

Mit Senat und Synode ist Rossi der Abschluß von insgesamt vier sich aneinanderreihenden Plätzen gelungen. Der Dekabristenplatz geht nahtlos in den Admiralitätsplatz über. Alexander ließ ihn boulevardähnlich anlegen. Hier traf sich nun die Petersburger Gesellschaft, um zu flanieren, um zu sehen und gesehen zu werden. Im Volksmund hieß dieser Platz deshalb »Börse der Neuigkeiten«. Die Fortsetzung des Admiralitätsplatzes nach Nordosten ist der Razwodnajaplatz,[73] der sich zwischen dem östlichen Flügel der Admiralität und der Westfront des Winterpalastes befindet. Auf diesem Platz fand die Paradeablösung der Palastwache statt. Den Abschluß der ineinander übergehenden Plätze bildet der Schloßplatz, der eleganteste und beeindruckendste Platz Petersburgs.

Spricht man über die Architektur der alexandrinischen Zeit, so werden größtenteils nur Bauten erwähnt, die nach dem Sieg über Napoleon entstanden sind. Dabei vergißt man leicht die in den ersten Jahren des neuen Jahrhunderts entstandenen öffentlichen Bauten. Schon in den letzten Jahren ihrer Regierung suchte Katharina nach einer Lösung für den Umbau des Admiralitätsgebäudes. Die Admiralität, immer noch eine Schiffswerft aus petrinischer Zeit, fügte sich nicht mehr so recht in das pompöse, von Palästen bestimmte Bild des Stadtviertels um den Winterpalast. Erst Alexander fand in Sacharow einen Architekten, der einen gelungenen Entwurf für den Umbau vorlegte. Wie schon vor dem Umbau wurde auch nach Sacharows Umgestaltung das Bauwerk von einer schlanke Spitze dominiert, die auf der sogenannten Großen Seite, dem Stadtbereich auf dem Festland, einen adäquaten Gegenpol zur Spitze der Peter-und-Paul-Festung bildete. Der längliche, über fünfhundert Meter lange Baukörper läuft an beiden Seiten in kubusartige Pavillons aus, so daß das Winterpalais an seiner Westseite ein ebenbürtiges Gegenüber bekam. Ein weiteres, schon lange anstehendes Problem war die Gestaltung der östlichen Spitze der Wassilij-Insel, die wie die Admiralität vom Winterpalast aus betrachtet keinen schönen Anblick bot. Also beauftragte bereits Katharina den Architekten Quarenghi mit der Neugestaltung. Eine zufriedenstellende Lösung lieferte jedoch erst Thomas de Thomon, der dort, in der Nähe des Hafens, ein imposantes Gebäude für die Börse errichtete. Thomon folgte klassizistischen Vorbildern der hellenistischen Antike und wählte für die Börse die Form eines Peripteros-Tempels. Das Gebälk über dem Haupteingang ziert die Skulptur eines aus den Wogen aufsteigenden Neptun, der von den Personifizierungen der Flüsse Newa und Wolchow flankiert wird. Die Darstellung der zwei Flüsse betont die Bedeutung Petersburgs als wichtigster Hafenstadt. Über die Newa hat die Stadt Verbindung zur Ostsee und zum Ladogasee und von dort aus eine Anbindung an das Flußnetz Rußlands, Wolchow verbindet Petersburg mit der alten Hansestadt Nowgorod. Die Silhouette des Petersburger Hafen- und Handelsviertels bekam von Thomon auch eine vertikale Dominante, die mit den goldenen Spitzen der Admiralität und der Peter-und-Paul-Kathedrale korrespondiert. Der vertikale Blickfang der Strelka besteht aus zwei Leuchttürmen in sattestem Karminrot, die wegen der Verzierung mit Schiffsbugen als Rostra-Säulen bezeichnet werden. Am Fuße jeder Säule finden sich Skulpturen, die die wichtigsten Flüsse Rußlands – Wolga, Dnjepr, Newa und Wolchow – symbolisieren.

Ein drittes Monument, das zu den frühalexandrinischen Bauwerken gezählt wird, ist noch vor dem Regierungsantritt Alexanders begonnen worden und geht auf Pauls Initiative zurück. Paul ist als Großfürst und Thronanwärter mit seiner Gattin, Marija Fjodorowna, auf einer großen Europareise gewesen. Das Ehepaar besuchte unter anderem auch Rom, und Paul war vom Petersdom stark beeindruckt. Als er dann Katharinas Nachfolge antrat, verfügte er über die nötigen finanziellen Mittel, um ein großes Kirchenprojekt zu verwirklichen. Seinem Architekten Woronichin nannte er den Petersdom mit seinen Säulenhallen als Vorbild. Die Grundsteinlegung für die Muttergottes-von-Kasan-Kathedrale erlebte Paul nicht mehr. Sie fand erst unter Alexander statt.

Nikolaus I.: Gendarm Europas

Die ersten Jahre der Regierung Alexanders I. standen für die reformwilligen Kräfte der russischen Gesellschaft und die Befürworter der konstitutionellen Monarchie unter einem glücklichen Stern. Das änderte sich aber schon bald. Der Adel setzte seine Interessen durch, und an die Abschaffung der Leibeigenschaft durfte nicht einmal mehr gedacht werden. Der Krieg gegen Napoleon lenkte nur vorübergehend von den gesellschaftlichen Spannungen ab. Die jungen Offiziere, zum Teil schon vorher vertraut mit dem aufklärerischen Geist Europas, machten auf dem Weg nach Paris Bekanntschaft mit den gesellschaftlichen Verhältnissen westeuropäischer Länder. Zurück in Rußland, beschäftigte sie die Durchsetzung gesellschaftlicher Neuerungen um so mehr. Da das zaristisch-autokratische System keine freie Meinungsäußerung zuließ, bildeten sich Geheimbünde. Hier wurde ungehemmt über die Notwendigkeit und Möglichkeit von Veränderungen diskutiert. Als es dann zum Machtwechsel kam, schien das einigen Offizieren der geeignete Augenblick, um ihren Forderungen Ausdruck zu verleihen. Als hilfreich erwies sich, daß nach dem plötzlichen Tod Alexanders I. der Thronfolger nicht sofort vereidigt werden konnte. Da Alexander kinderlos geblieben war, fiel die Nachfolge auf seinen nächstjüngeren Bruder Konstantin. Dieser residierte seit einigen Jahren als Vizekönig von Polen in Warschau und hatte seinen Thronverzicht schriftlich niedergelegt, nachdem er eine nicht standesgemäße Ehe mit einer katholischen polnischen Gräfin eingegangen war. Aus unerklärlichen Gründen wußte von diesem Dokument bis auf Nikolaus, einem weiteren Bruder Alexanders, niemand etwas. Also hielten die weltlichen wie geistlichen Würdenträger und die Garde Konstantin für den Nachfolger. Nikolaus wartete ab. Er wußte, daß er bei den Garden nicht sehr beliebt war und nicht mit deren Unterstützung rechnen konnte. Hätte er in dieser Situation bekanntgegeben, daß er der rechtmäßige Thronfolger sei, hätten wahrscheinlich alle in ihm einen Usurpator gesehen, der Konstantin um die Krone bringen wollte. Vielleicht hatte auch Nikolaus wenig Lust auf das Amt, für das er im übrigen nicht ausgebildet und vorbereitet worden war. Nur die zwei älteren Brüder waren als Thronfolger vorgesehen, er hatte eine rein militärische Ausbildung. Drei Wochen lang schoben sich die Brüder gegenseitig den russischen Thron zu. Die Londoner Times schrieb zu diesen Ereignissen: »Rußland ist in der seltsam unangenehmen Lage, daß es zwei sich selbst verleugnende Kaiser, aber keinen Herrscher hat.«[74] Schließlich machte Nikolaus die alte Verzichtserklärung seines Bruders bekannt. Die bereits geleisteten Eidschwüre auf Konstantin

mußten nun aufs neue geleistet werden, diesmal auf Nikolaus. Einige Offiziere waren der Meinung, dieses Machtva-
kuum sei die Gelegenheit, eine konstitutionelle Monarchie
durchzusetzen. Sie verweigerten dem neuen Zaren den Eid.
Zwischen zwei- und dreitausend Mann versammelten sich
im Dezember 1825 auf dem Senatsplatz, einer strategisch
günstigen Stelle zwischen dem alten Senatsgebäude und
dem Winterpalast. Nikolaus ließ die ihm treuen Truppen
aufmarschieren und den Aufständischen gegenüber aufstel-
len. Zu den Eidesverweigerern schickte der neue Kaiser
Boten mit dem Befehl, den Platz sofort zu räumen. Als ein
Abgesandter des Kaisers niedergeschossen wurde, setzte Nikolaus gegen die Aufständischen Kavallerie ein. Der Angriff
blieb erfolglos, weil die Pferde auf den vereisten Pflasterstei-
nen ausrutschten. Im zweiten Anlauf wurde Artillerie eingesetzt, und annähernd hundert Menschen kamen dabei zu
Tode. Charlotte Disbrowe, eine Augenzeugin, berichtet in
ihrem Tagebuch: »Die Schießerei zu hören war furchtbar.
Jede Salve traf mich ins Herz … Es heißt, die Rebellen hätten
sich über den Fluß zurückgezogen und sich zerstreut … Die
armen Soldaten sind offenbar nur von ihren Offizieren irre-
geführt worden und bald zu ihrem Dienst zurückgekehrt.
Sie haben Generalpardon erhalten; aber natürlich gilt eine
solche nachsichtige Behandlung nicht für diejenigen, die sie
zur Revolte aufgestachelt haben; es sind sehr viele Offiziere
verhaftet worden, mehr als dreißig, habe ich gehört … Ich
bin heute [zwei Tage nach dem Aufstand] das erste Mal im
Schlitten ausgefahren. Die Stadt bot einen seltsamen Anblick. Die Spuren der traurigen Ereignisse am Montag waren scheußlich: Blutlachen im Schnee und Blut an den
Häuserwänden.«[75] Die Anführer des Aufstandes wurden
noch in der folgenden Nacht verhaftet, und sofort begann

der neue Kaiser persönlich mit den Verhören. Der noch relativ junge, neunundzwanzigjährige Nikolaus wurde mit gestandenen, um einiges älteren Männern konfrontiert, denen – wie es einer von ihnen formulierte – »die Feldzüge in Europa die Augen geöffnet haben über die dortigen Staatsformen, die öffentlichen Einrichtungen … und den Gegensatz zu unserem staatlichen Leben mit den lächerlich geringen Rechten des Volkes und der Despotie unserer Regierung«.[76] Bestuschew-Rjumin, einer der Anführer des Aufstandes, wurde von Nikolaus mit den Worten empfangen: »›Du weißt, ich kann dir verzeihen und wenn ich sicher sein könnte, in dir künftig einen treuen Diener zu haben, so wäre ich bereit, dir zu verzeihen.‹ Bestuschew-Rjumin antwortete: ›Majestät, das ist eben das Unglück, daß Sie alles tun können, daß Sie über dem Gesetz stehen; wir wollen nichts weiter als bewirken, daß das Los Ihrer Untertanen künftig bloß vom Gesetz abhängig sei, nicht von Ihrer Laune.‹«[77] Gewagte Worte, wenn man bedenkt, daß den Anführern die Todesstrafe drohte. Sie wurde bei Bestuschew-Rjumin und noch bei vier weiteren Wortführern vollstreckt, obwohl nach dem Abschluß der Verhöre zunächst in achtundvierzig Fällen die Todesstrafe durch Vierteilung verhängt worden war. Vollstreckt wurden dann lediglich fünf, durch Erhängen, im Juli des Jahres 1826 in der Peter-und-Paul-Festung: »Während man uns auf das Festungsglacis geleitet hatte, waren die fünf zu Tode Verurteilten in Fesseln und Sterbehemden in die Festungskirche geführt worden, wo sie ihre eigene Totenmesse anhören mußten. Aus der Kirche ging der Zug zum Kronwerk-Wall; unterwegs tröstete Murawjow-Apostol seinen Freund Bestuschew-Rjumin, dann wandte er sich zu dem Geistlichen Myslowskij und äußerte sein Bedauern, daß dieser genötigt sei, die Verurteilten wie Räuber zum Richtplatz zu begleiten. Darauf antwortete der Geistliche mit den Worten, die der Erlöser am Kreuze den mitgekreuzigten Räubern gesagt hatte. Sich dem Galgen nähernd, umarmten sich die Verurteilten untereinander. Dann wurden sie in einer Reihe auf die Bank gestellt, wo man ihnen die Schlingen um die Köpfe legte. Als aber die Bank umgestoßen wurde, hingen nur Pestel und Kachowskij; Rylejew, Murawjow-Apostol und Bestuschew-Rjumin fielen auf die umgestoßene Bank und verletzten sich.«[78] Murawjow-Apostol stöhnte unter den Schmerzen der durch den Fall gebrochenen Beine: »›Mein Gott, nicht einmal hängen können sie einen Mann ordentlich in Rußland‹ [...] Während man die Bank wieder aufstellte, die Seile und Schlingen neu ordnete, vergingen noch einige Minuten namenloser Qual. Die drei Verurteilten benutzten die Zeit, ihr Vaterland noch einmal zu segnen und um eine bessere Zukunft für ihre Mitbürger zu beten.«[79] Die Leichen wurden in zwei Tröge gelegt, die mit ungelöschtem Kalk gefüllt waren, und auf der Insel Golodai (heute die Dekabristen-Insel) begraben. Niemand sollte die Toten ehren, und ein Wachposten hinderte jeden, der es versuchen sollte, sich den Gräbern zu nähern.

Nikolaus' Regierungszeit begann also denkbar ungünstig mit der Niederschlagung eines Aufstandes. Wenn auch nicht gegen ihn persönlich, so war er doch eindeutig gegen die zaristische Autokratie gerichtet. Nikolaus übernahm die Krone mit der beunruhigenden Erkenntnis, daß er selbst in den Reihen der privilegierten Adligen mit Feinden zu rechnen hatte. Wenn aber selbst der Adel den Absolutismus nicht mehr stützen wollte, wie mochte es da erst in anderen Kreisen der Gesellschaft aussehen? Also gründete Nikolaus die sogenannte Dritte Abteilung, einen ihm persönlich unterstellten Geheimdienst. Die Spitzel kontrollierten weite Teile der Gesellschaft, vor allem der Petersburger. Betroffen waren Intellektuelle und Literaten, wie Gogol, Dostojewski oder Alexander Puschkin, das wohl prominenteste Zensuropfer jener Tage.

Die Dekabristen

Die Petersburger Gesellschaft war erschüttert. Palastrevolten und ermordete Zaren gab es zwar in der Geschichte des Petersburger Hofes mehr als genug, der Dezemberaufstand[80] der Offiziere aber hatte eine andere Dimension. Hier ging es nicht mehr um die Durchsetzung persönlicher Interessen irgendwelcher Hofkreise. Die Dekabristen kämpften für ein würdigeres Dasein auch der nicht privilegierten Teile der Bevölkerung. Sie setzten damit ihre Familie, ihre Karriere, ihr Vermögen und ihr bequemes Leben in der Hauptstadt aufs Spiel. Fünf dieser Idealisten mußten mit ihrem Leben bezahlen, weitere einhundertsechzehn wurden nach Sibirien verbannt. Unter den Verbannten waren Söhne höchster Würdenträger. Einer der prominentesten war Fürst Sergej Wolkonskij. Seine Familie stammte vom Fürsten Rurik ab, der im 9. Jahrhundert den Kiewer Staat gegründet hatte. Die Wolkonskijs waren berühmte Generäle und Gouverneure, ihre Frauen trugen das rote Band mit Stern – den Katharinenorden. Der Vater des nach Sibirien verbannten Sergej Wolkonskij war Gouverneur der Provinz Orenburg, die Mutter erste Kammerfrau der Kaiserinwitwe des ermordeten Kaisers Paul, der Schwager ein enger Vertrauter von Alexander I. und treuer Begleiter im Krieg gegen Napoleon.

Es waren also Mitglieder der gesellschaftlichen Elite des

Landes, die ihrer Standesrechte und ihres Vermögens beraubt und zu zwanzig Jahren Zwangsarbeit und lebenslanger Verbannung nach Sibirien verurteilt wurden. Wie reagierte die Petersburger Aristokratie auf die Schicksale der Männer aus ihren Reihen? Einige waren durch die Ereignisse eingeschüchtert, andere betrachteten sie als einen unerfreulichen Zwischenfall. Selbst noch unter engen Verwandten wurden die Ereignisse wie eine lästige Störung beiseite geschoben, um zum gewohnten Amüsement zurückzukehren. Ein trauriges Beispiel war die Mutter Sergejs, Fürstin Wolkonskaja, die als Kammerfrau lieber loyal zur Kaiserinwitwe stand, als ihrem Sohn beizustehen. Als zwei Wochen nach der Hinrichtung der fünf Offiziere der erste Transport mit Verurteilten nach Sibirien aufbrach, besuchte sie gerade einen großen Ball des Innenministers Kotschubej. Es war einer jener unzähligen Bälle, die aus reiner Vergnügungs- und Verschwendungssucht stattfanden. Ein Zeitgenosse beschrieb die makabre Stimmung, als unerwartet vier Dreiergespanne mit den verurteilten Dekabristen in Begleitung von Kosaken unter den Fenstern vorbeifuhren – unter ihnen Sergej Wolkonskij: »Eine flüchtige Sekunde lang beleuchtete derselbe Kandelaber oben im weißen Ballsaal den Zaren Nikolai beim Tanz mit der alten Fürstin Wolkonskaja und ihren Sohn Sergej unten auf der Straße, der starr und blaß in Ketten zwischen zwei Polizisten kauerte. Dann ließen die Kutscher ihre Peitschen knallen, die Pferde sprangen vorwärts, und die Troikas waren unterwegs zu einer 7000 Kilometer-Fahrt nach Osten.«[81]

Es gab aber auch einige mutige Ehefrauen, die den Dekabristen selbstlos beistanden und so verhinderten, daß die Ereignisse des Jahres 1825 in Vergessenheit gerieten. Fürstin Marija Wolkonskaja, die Frau des Dekabristen Sergej Wolkonskij, berichtet in ihren Memoiren: »So versetzte ich meine Brillanten, bezahlte einige Schulden meines Mannes und schrieb dem Zaren ein Gesuch mit der Bitte, meinem Manne folgen zu dürfen. Dabei berief ich mich vor allem auf die Anteilnahme, die Seine Majestät den Ehefrauen der Verbannten erwiesen hatte, und bat ihn, seine Gnade zu krönen, indem er mir die Genehmigung zur Abreise erteile. Und dies war seine Antwort: »Ich habe, Fürstin, Ihren Brief vom 15. dieses Monats erhalten. Ich entnahm ihm mit Vergnügen, daß Sie mir wegen des Mitgefühls, das ich für Sie empfinde, dankbar sind. Dennoch halte ich mich eben wegen dieses Mitgefühls für verpflichtet, Sie an dieser Stelle noch einmal vor dem zu warnen, was Sie erwarten wird, wenn Sie über Irkutsk hinaus reisen. Übrigens überlasse ich es vollständig Ihrem Ermessen, die Handlungsweise zu wählen, die Sie in Ihrer augenblicklichen Situation für die geeignetste halten. Ihr Ihnen wohlgeneigter Nikolai. 21. Dezember 1826.«[82]

Welche Folgen es im einzelnen für die Dekabristenfrauen hatte, wenn sie mit ihren Männern in Sibirien weiter zusammenleben wollten, sagte der »wohlgeneigte« Nikolaus nicht. Das erfuhren sie erst nach ihrer Ankunft in Irkutsk: »1. Eine Frau, die ihrem Manne folgt und die eheliche Verbindung mit ihm aufrechterhält, wird dadurch natürlicherweise seines Schicksals teilhaftig und verliert ihren bisherigen Stand, das heißt, sie wird von nun an als Ehefrau eines verbannten Zuchthäuslers behandelt. Damit nimmt sie alles auf sich, was eine solche Stellung an Belastungen mit sich bringt, denn auch die Obrigkeit ist dann außerstande, sie vor den eventuell stündlich eintretenden Beleidigungen von Leuten aus der verkommensten, verächtlichsten Klasse zu schützen, die sich dann sozusagen für berechtigt halten, die

Frau eines Staatsverbrechers, die ihr Los teilt, als ihresgleichen zu behandeln. Derlei Beleidigungen können unter Umständen sogar gewalttätiger Natur sein. Verstockte Verbrecher haben keinerlei Furcht vor Bestrafung. 2. Kinder, die in Sibirien zur Welt kommen, werden als leibeigene, der Krone gehörige Bauern angesehen. 3. Es ist nicht gestattet, Geldbeträge und Wertgegenstände mitzuführen. Das ist wider die Vorschrift und ist zur eigenen Sicherheit erforderlich, da die Örtlichkeit von Menschen bewohnt wird, die zu jeglichem Verbrechen fähig sind. 4. Durch die Abreise ins Nertschinsker Gebiet erlischt das Recht auf die Mitführung von Leibeigenen.«[83] Die Folgen, mit denen die Ehefrauen der Verbannten für ihre Loyalität zu ihren Männern bestraft wurden, verdeutlichen einmal mehr, wie grausam das Regime Nikolaus' gewesen ist. Hinter einer wohlwollenden Maske verbarg sich das Gesicht eines kaltblütigen Herrschers.

Während seiner gesamten Regierungszeit war das Wort »Dekabristen« tabu. Eine Begnadigung der Verurteilten blieb aus. Erst Nikolaus' Sohn und Nachfolger Alexander II. erlaubte allen Dekabristen, die dreißig harte Jahre in der Verbannung Sibiriens überlebt hatten, die Rückkehr.

Puschkins Petersburg

Das Petersburg zu Puschkins Zeiten war das des Empire. Alexander I. hatte Napoleon besiegt, und in der Architektur der Hauptstadt sollte das Gefühl der Überlegenheit, Erhabenheit und Würde sichtbar gemacht werden. Dies gelang vor allem dem italienischen Architekten Carlo Rossi. Er machte Petersburg mit seinen Bauten zu einem architektonischen Gesamtkunstwerk, das die Macht und Größe des russischen Reiches unübersehbar zum Ausdruck brachte. In der Literatur hat Alexander Puschkin dieser Zeit ein Denkmal gesetzt. Er schuf in seinen Werken literarische Bilder, die zu Metaphern für die Geschichte und das Lebensgefühl Petersburgs wurden. Am bekanntesten ist wohl *Der eherne Reiter*. Der Titel seiner Verserzählung wurde im Laufe der Zeit zum Namen für das Denkmal Peters des Großen auf dem Senatsplatz. Aus »Der Nadel Goldgefunkel«[84] in den Einleitungsversen des *Ehernen Reiter* wurde die »Nadel der Admiralität«, ein weiteres bekanntes Wahrzeichen der Stadt. In Puschkins *Eugen Onegin*, einem Roman in Versen, wirft er einen Blick auf die Lebensgewohnheiten der Petersburger Gesellschaft:

> Oft räkelt er sich noch gemächlich
> Im Bett: da bringt man Kärtchen rein.
> Was? Einladungen? Ja, tatsächlich,
> Drei Häuser laden abends ein:
> Ein Ball, ein Hausfest für die Kinder.
> Wohin begibt sich wohl mein Sünder?
> Und wo beginnt er? Einerlei:
> Zu schaffen sind ja alle drei [...]
> Zum Ballsaal laßt uns eilen jetzt,
> Wohin bereits im Droschkenwagen
> Onegin sich in Trab gesetzt.
> Vor den verschlafenen Silhouetten
> Der Häuser schlingen sich zu Ketten
> Die doppelten Laternenreihn
> Der Kutschen, deren heitrer Schein
> Den Schnee in Kreisen überflimmert;
> Von Fensterlämpchen rings umkränzt

Ein prächtiges Gebäude glänzt,
Durch dessen große Scheiben schimmert,
Wenn auch im Schattenumriß bloß,
Die Damenwelt mit ihren Beaus [...]
Was treibt Onegin? Halb schon träumend
Fährt er zum Schlafen heim vom Ball:
Doch Petersburg, stets lebensschäumend,
Ist schon geweckt mit Trommelschall.
Der Kaufmann kommt, Laufjungen preschen,
Zur Börse streben die Kaleschen,
Die Milchfrau schleppt die Kanne mit,
Der Frühschnee knirscht, wohin sie tritt.
Des Morgens trauter Lärm erwachte.
Auf sind die Läden, und gemach
Steigt blauer Rauch empor vom Dach,
Der Bäcker, deutsch und pünktlich, machte
Papierbemützt schon zum Verkauf
Sein *vasistas*[85] ein paarmal auf [...][86]

Wegen ironisch-kritischer Äußerungen in seinen politischen Epigrammen und Gedichten durfte sich Puschkin mehrere Jahre nicht in Petersburg aufhalten. Erst 1826, nach fast siebenjähriger Abwesenheit, durfte er wieder zurückkehren, stand aber unter der persönlichen Zensur Nikolaus' I.

Nach seiner Rückkehr bezog Puschkin das Hotel, in dem er sechzehn Jahre zuvor mit seinem Onkel übernachtet hatte, als er an der Eliteschule in Zarskoe Selo angemeldet wurde. Dieses Hotel befand sich in einem Gebäudekomplex an der Ecke Mojka und Bolschaja Konjuschennaja Straße und gehörte dem französischen Weinhändler Filipp Demut, der es in den siebziger Jahren des 18. Jahrhunderts errichtet hatte. Es war in jener Zeit eine begehrte Adresse. Neben dem

Die Mojka

russischen Philosophen Tschaadaew, dem Dichter und Diplomaten Gribojedow und dem Schriftsteller Iwan Turgenew war auch der deutsche Gesandte (und spätere »eiserne Kanzler«) Otto von Bismarck dort zu Gast. Puschkin verewigte dieses berühmte Hotel in *Eugen Onegin* und machte aus Tschaadaews Hotelzimmer das Arbeitszimmer Onegins. Von Wanzen und anderem Ungeziefer ist darin allerdings nicht die Rede, obwohl sie zur damaligen Zeit in den Hotels sozusagen zum Interieur gehörten. Der französische Reisende Astolphe de Custine, der in den dreißiger Jahren des 19. Jahrhunderts Petersburg besucht hatte, klärt uns jedoch diesbezüglich auf: »Trotz den Ansprüchen der Russen auf Eleganz können die Fremden in ganz Petersburg kein erträgliches Gasthaus finden. Die Großen bringen aus dem Innern des Landes ein stets zahlreiches Gefolge mit da her [...] Sobald die Diener in dem Zimmer des Herrn allein gelassen werden, wälzen sie sich auf orientalische Weise auf allen Meubles umher, die sie mit Ungeziefer bedecken, das aus dem Roßhaar in das Holz, aus dem Holze in den Kalk, in die Decke, in die Wände, in den Fußboden kriecht; in wenigen Tagen ist die ganze Wohnung rettungslos angesteckt, und die Unmöglichkeit, die Häuser den Winter über zu lüften, macht das Übel ewig [...] Bei der Ankunft in dem Hotel Coulons fand ich einen ausgearteten französischen Wirth [...] sein Gasthaus gilt für das beste in Petersburg [...] Sein Haus ist wegen der bevorstehenden Feste am Hofe so ziemlich gefüllt und es schien ihm fast unangenehm zu sein, einen Gast mehr aufnehmen zu müssen; auch gab er sich wenig Mühe, mir Bequemlichkeit zu verschaffen. Nach einigem Hin- und Herlaufen und vielen Unterhaltungen brachte er mich endlich in eine Wohnung im zweiten Stock, die aus einem Entrée, einem Zimmer und einem Schlafcabinet bestand [...] Man athmet in dieser Wohnung eine Gipsatmosphäre, Kalköfen- und Staubgerüche und Ausdünstungen von Insekten in Verbindung mit Moschus. [Ich warf mich] in meinen Mantel gehüllt, auf ein ungeheueres flaschengrünes Ledersopha, das fast die ganze eine Seite des Zimmers einnahm und schlief – drei Minuten lang. Nach dieser Zeit wachte ich mit Fieber auf und was sah ich, als ich auf meinen Mantel blickte? – ein graues, aber lebendiges Gewebe. Ich muß die Sachen bei dem rechten Namen nennen, ich war von Wanzen überdeckt, die gierig über mich herfielen. Rußland steht in dieser Hinsicht Spanien nicht nach. Aber im Süden tröstet und heilt man sich im Freien; hier ist man mit dem Feinde eingeschlossen und der Krieg wird um so blutiger. Ich warf alle meine Kleidungsstücke ab und lief hülfeschreiend in dem Zimmer auf und ab. Welche Aussicht für die Nacht! dachte ich und schrie dabei immer aus vollem Halse. Es kam ein russischer Kellner, ich machte ihm begreiflich, daß ich mit seinem Herrn zu sprechen wünsche. Der Herr ließ lange auf sich warten; endlich kam er und als ich ihm den Gegenstand meiner Klage vorgetragen, fing er an zu lachen und entfernte sich mit den Worten, ich würde mich daran schon gewöhnen, denn in Petersburg würde ich es nirgends anders finden, doch empfahl er mir, mich nie auf ein russisches Kanapé zu setzen, weil auf diesem die Diener schliefen, die immer Legionen von Insecten an sich trügen. Um mich zu beruhigen, versicherte er, das Ungeziefer würde mich verschonen, wenn ich mich von diesen Meubles fern hielte, die es nicht verlasse [...] Das Gasthaus ist von außen ein Palast, im Innern ein vergoldeter mit Sammet und Seide ausgeschlagener – Stall.«[87]

Die Gegend um den Fluß Mojka blieb auch in den folgenden Jahren eng mit Puschkins Leben verbunden. Er dinierte gerne im Restaurant *Talon*, das sich im Haus an der Ecke Mojka/Newskij-Prospekt befand. Ursprünglich war dies das Haus des Hauptpolizeimeisters von Petersburg. An seiner Stelle stand einst das provisorische Winterpalais Elisabeths, das Katharina II. wegen der schlechten Behandlung, die ihr dort zuteil geworden war, abreißen ließ. Auch das *Talon* verewigte Puschkin in *Eugen Onegin*:

> ›Schon dämmert's: auf zum Schlittenwagen!
> Und, Platz da! Platz da!‹ schallt es laut.
> Froststaub hat seinen Biberkragen
> Mit Silberglitzern übertaut.
> Rasch zu *Talon*[88]: Er könnte schwören,
> Dort wartet schon sein Freund Kawerin.
> Er kommt herein: Der Korken knallt,
> Der Elfer aus der Flasche wallt,
> Vor ihm steht *roastbeef* blutbefeuchtet,
> Und Trüffeln, Jugendschlemmertum,
> Und Frankreichs höchster Küchenruhm,
> Und Straßburger Pastete leuchtet
> Nebst Limburgs Käse unter Glas
> Und einer goldnen Ananas.[89]

Dem *Talon* gegenüber liegt das traditionsreiche Kaffeehaus *Wolf und Béranger*, das Puschkin ebenfalls oft besuchte, heute heißt es »Literatenkaffee«. Hier gab es köstliche Kaffeestückchen und die berühmten, mit einer Überraschung gefüllten Zuckereier. Das Cafe war der Treffpunkt der literarischen Welt im damaligen Petersburg.

Am Ufer der Mojka, in der Nähe des Hotels von Filipp Demut, mietete Puschkin im Mai 1836 sein letztes Domizil. Es ist das heutige Haus Nr. 12, das ursprünglich der Schwester des Dekabristen Sergej Wolkonskij gehörte. In der Beletage bewohnte Puschkin mit seiner Frau Natalja und den vier Kindern elf Zimmer. Die Miete war für die damalige Zeit und für seine Einkommensverhältnisse enorm hoch. Sie betrug 4300 Rubel jährlich, und Puschkin erhielt als Kammerjunker lediglich eine Besoldung von 5000 Rubeln im Jahr. Außer diesem Beamtenentgelt bekam er hin und wieder Anleihen von Nikolaus persönlich. Für den Druck von *Pugatschow* erhielt er zum Beispiel 20000 Rubel. Es erscheint unverständlich, daß derselbe Kaiser, der Puschkin persönlich zensierte und schikanierte, den Dichter zugleich finanziell unterstützte. An Puschkins Talent dürfte das eher nicht gelegen haben. Wahrscheinlicher ist, daß er die Geldzuwendungen deshalb erhielt, weil Nikolaus ein Auge auf die wunderschöne Natalja Puschkina geworfen hatte und damit – wie übrigens auch mit der Ernennung Puschkins zum Kammerjunker – erreichen wollte, daß Natalja am gesellschaftlichen Leben Petersburgs teilnehmen konnte: »Vorgestern wurde ich zum Kammerjunker[90] ernannt (was in meinen Jahren ziemlich deplaciert ist). Aber der Hof wollte, daß Natalja Nikolajewna im Anitschkow-Palais tanze.«[91] Nikolaus' Bewunderung für Nataljas Schönheit ging so weit, daß er von ihr ein Miniaturporträt anfertigen ließ, um es in seiner goldenen Taschenuhr ständig mit sich tragen zu können. Nach Puschkins Tod sorgte Nikolaus großzügig für die junge Witwe und die Kinder. Nachdem Natalja dann in zweiter Ehe den Generalmajor Lanskoj geheiratet hatte, wurde Nikolaus Pate des ersten Kindes. Zwei Generationen später kam es dann sogar zu einer Verbindung zwischen Puschkins Familie und dem Romanow-Haus: Eine Enkelin Puschkins heiratete einen Enkel von Nikolaus I.

Rundgang C: Alexandra-Theater und Rossi-Straße →
Bank-Brücke → Kasaner-Kathedrale → Mojka, Isaaksplatz,
Marienpalais und Denkmal für Nikolaus I. → Isaaks-
Kathedrale → Dekabristenplatz → Schloßplatz und
Alexander-Säule → Winterpalais und Neue Eremitage
[s. Seite 226]

Alexandra-Theater und Rossi-Straße

Unser Spaziergang durch das Petersburg des Empire und des
beginnenden Eklektizismus fängt an einem der schönsten
städtebaulichen Ensembles der Stadt an. Ettore Lo Gatto,
der das Wirken italienischer Baumeister im Ausland er-
forschte, sagte, daß mit dem Alexandra-Theater »Rossis
Fähigkeit, perfekte Ausgewogenheit, Ruhe und zugleich
kraftvolle Erhabenheit zu erzielen, einen Höhepunkt erreicht«.[92] Das Alexandra-Theater und die Fortsetzung des
Gebäudes nach Süden hin, die Rossi-Straße, bilden ein Ensemble, das – anders als die Komposition am Platz der
Künste oder am Dekabristenplatz – nicht sofort als Ganzes
zu erkennen ist. Die meisten Besucher konzentrieren sich
auf die Hauptfassade des Theaters, stellen vielleicht noch
einen Bezug zur Saltykow-Schtschedrin-Bibliothek her, er-
fassen aber Rossis gestalterische Idee nur unvollständig. Das
Theater und die sich anschließende, nach ihm benannte
Straße schaffen nämlich eine Verbindung zwischen dem
Ostrowskij-Platz und dem Lomonossow-Platz. Um diesen
gestalterischen Gedanken nachvollziehen zu können, sollte
man um das Theater herum- und die wohlproportionierte
Straße entlanggehen.

Das Theater ist als reines Schauspielhaus konzipiert worden. Darauf machen zwei Plastiken in den beiden Nischen der Hauptfront aufmerksam: Terpsichore, die Muse der chorischen Lyrik, und Melpomene, die Muse der Tragödie. Das 1832 eröffnete Haus wurde nach Nikolaus' Gemahlin Alexandra benannt. Nikolaus I. hatte es zuvor mit großem Interesse inspiziert und gratulierte Rossi zum gelungenen Interieur. Er besuchte dieses Theater später oft und ließ sich auch die Uraufführung von Gogols *Revisor* im Jahre 1836 nicht entgehen. Das Stück hätte wegen der überaus kritischen Haltung gegenüber der russischen Beamtenschaft und der russischen Gesellschaft im allgemeinen die staatliche Zensur gar nicht passieren dürfen. Da es nun aber trotzdem auf die Bühne kam, machte der Kaiser gute Miene zum bösen Spiel und gab am Ende des Stückes den im Parkett versammelten Generälen und Ministern ein Zeichen zum Applaus. Ein Schauspieler berichtete später, Nikolaus soll beim Verlassen seiner Loge gesagt haben: »Das ist mir ein Stückchen! Alle haben was abgekriegt, und ich am meisten!«[93]

Das Alexandra-Theater und seine Aufführungen waren in Petersburg sehr beliebt. Nikolaj Gogol berichtete darüber in seinen *Petersburger Skizzen aus dem Jahr 1836*: »Die Petersburger sind große Freunde des Theaters. Wenn Sie einmal an einem frischen, kalten Morgen, während der rosig goldene Himmel von durchsichtigen Rauchwolken, die aus den Schornsteinen aufsteigen, durchzogen wird, auf dem Newsky-Prospekt spazieren sollten, dann treten Sie um diese Zeit ins Foyer des Alexandra-Theaters: Sie werden erstaunt sein über die hartnäckige Geduld, mit der die hier versammelte Volksmenge in dichten Haufen den Billettverkäufer belagert, der seine Hand aus dem Kassenfenster herausstreckt. Wieviel Lakaien aller Art drängen sich hier, der eine im grauen Mantel mit einer bunten seidenen Krawatte, aber ohne Mütze, und ein anderer, bei dem der dreistöckige Kragen der Livree einem bunten Tintenwisch aus Tuch in Gestalt eines Schmetterlings gleicht. Hier drängen sich auch jene Beamten, die sich die Stiefel von ihren Köchinnen putzen lassen, und die niemand haben, den sie nach einem Theaterbillett schicken können. Hier können Sie auch sehen, wie ein echtrussischer Held plötzlich die Geduld verliert, auf den Schultern der ganzen Menge bis zur Kasse vordringt und sein Billett empfängt. Dann erst wird Ihnen klar werden, wie sich bei uns die Liebe zum Theater bemerkbar macht.«[94]

Hinter dem Alexandra-Theater eröffnet sich ein schöner Blick auf die Rossi-Straße. In dem Gebäude auf der linken Straßenseite hatte früher die Theateradministration ihren Sitz. Seit der Sowjetzeit ist dort die berühmte Waganowa-Ballettschule untergebracht. Das spiegelbildlich gegenüberliegende Gebäude beherbergte in der Zarenzeit das Ministerium für Volksbildung. Am Ende der Straße biegen wir nach rechts ab und gelangen, indem wir unter einem Bogen hindurchgehen, in die Lomonossow-Straße. Zuvor sollte man aber nicht vergessen, noch einmal auf das Theatergebäude zurückzublicken und die vollkommenen Proportionen der Rossi-Straße zu genießen.

Wir folgen nun der Lomonossow-Straße bis zu ihrem anderen Ende, bis sie an den Gribojedow-Kanal stößt, biegen links ab und sehen bereits die wohl schönste Fußgängerbrücke der Stadt, die Bank-Brücke.

Bank-Brücke

Vier Greifen mit vergoldeten Flügeln halten in ihren Mäulern die Eisenseile der Hängebrücke. Früher bewachten sie auch noch, wie schon ihre Vorfahren in der griechischen Mythologie, einen Schatz – das Papiergeld der Assignatenbank. Das ehemalige Bankgebäude wird heute von großen Laubbäumen verdeckt, und nur der zwischen dorischen Säulen eingefaßte Zaun davor ist deutlich zu sehen.

Das Gebäude, das der kleinen Fußgängerbrücke ihren Namen gab, wurde von Quarenghi 1790 errichtet und beherbergte eine von Katharina II. bereits 1769 gegründete Bank, die das erste russische Papiergeld herausgab. Die Münze befindet sich übrigens seit eh und je auf dem Gebiet der Peter-und-Paul-Festung.

Der Ingenieur Georg Tretter, der die Bankbrücke im Jahre 1826 errichtet hatte, wählte die geflügelten Löwen wohl im Hinblick auf ihre symbolische Bedeutung vor der benachbarten Bank. Andere Löwen aus Marmor, Bronze, gehämmertem Kupfer oder Gusseisen gibt es zahlreich in Petersburg. Sie schmücken Paläste, Brücken und Uferstraßen. Vorbild waren die beiden Löwen auf der Piazza Signoria vor der Loggia della Signoria in Florenz. Einer der florentinischen Löwen stammt aus der Antike und wurde Anfang des 16. Jahrhunderts bei Ausgrabungen in Rom gefunden. Der zweite Löwe wurde Ende desselben Jahrhunderts dem antiken Vorläufer nachgebildet. Das Löwenpaar stand bis 1780 vor der Villa der Medici in Rom, dann wurde es der Stadt Florenz geschenkt. Als Ende des 18. Jahrhunderts für die Petersburger Akademie der Künste in Florenz Kopien von berühmten Skulpturen angefertigt wurden, waren darunter auch Kopien der beiden Löwen. In Petersburg fielen sie dem

Architekten Woronichin auf. Er ließ aus örtlichem weißen Stein nochmals Kopien anfertigen, um ein Sommerpalais der Familie Stroganow damit zu schmücken.[95] Seither waren Löwen in Mode. Bald fand man welche im Unteren Park in Peterhof, dann vor dem Hauptaufgang zum Michaelspalais und vor dem Palais der Familie Lobanow-Rostowskij. Das Palais der Lobanows mit seinen Löwen verewigte Puschkin am Ende des *Ehernen Reiter*: »Er stand vor einem Haus mit Säulen. Im schattenschweren, kargen Licht erhoben starre Marmorpranken zwei Löwen [...].«[96]

Etwas weiter westlich, in der Nähe des Marien-Theaters, errichtete Tretter eine zweite Brücke über den Gribojedow-Kanal. Diese Brücke werden wir bei unserem nächsten Spaziergang sehen.

Kasaner-Kathedrale

Bereits von der Bank-Brücke aus öffnet sich nach Norden der Blick auf einen Teil der zur Kasaner-Kathedrale gehörenden Säulenhallen. Was wir sehen, ist der am Newskij-Prospekt angrenzende Säulengang. Spiegelbildlich – die Kathedrale sollte die Achse bilden – war eine Säulenhalle auch nach Süden hin geplant. Die Kathedrale, die der Gottesmutter von Kasan geweiht ist, war ein Projekt, das noch Paul in Angriff genommen hatte. Er beauftragte den Architekten Woronichin mit dem Bau eines Gotteshauses, das sich nicht am Typus der griechisch-orthodoxen Kirchenbauten anlehnen sollte, sondern dem Vorbild einer katholischen Hallenkirche mit dem Grundriß des lateinischen Kreuzes folgen sollte. Als Vorbild nannte Paul den Petersdom, der ihn auf seiner Europareise tief beeindruckt hatte. Die Grundsteinlegung für die Kathedrale erlebte Paul nicht mehr. Sie fand erst unter der Herrschaft seines Sohnes Alexander I. statt. Die Pläne wurden beibehalten, die südliche Säulenhalle allerdings nicht gebaut – vielleicht aus Kostengründen, vielleicht weil der Krieg gegen Napoleon dazwischenkam.

Im September des Jahres 1811 wurde die Kathedrale geweiht. Im nächsten Jahr wurde hier eine feierliche Liturgie zelebriert, bevor der neue Oberbefehlshaber der russischen Armee, Feldmarschall Kutusow, in den Kampf gegen Napoleon zog. Als Kutusow 1813 während eines Feldzuges starb, wurden seine sterblichen Überreste nach Petersburg gebracht und in der Kasaner-Kathedrale beigesetzt – an jener Stelle, an der er vor dem Feldzug gegen Napoleon gebetet haben soll. Erbeutete Fahnen und die Schlüssel eingenommener Städte schmücken sein Grab. Nikolaus I. ließ später aus Anlaß des fünfundzwanzigjährigen Sieges über Napoleon vor der Kathedrale zwei Denkmäler errichten. Beide erinnern an die Feldherren, die sich im Krieg gegen Napoleon verdient gemacht haben. Eines ist Michail Kutusow gewidmet, das andere Michail Barclay de Tolly.

Schließen wir die Besichtigung der Kathedrale ab mit den Betrachtungen eines Reisenden über die Religiosität der Russen: »Nichts zeichnet den gemeinen Russen mehr aus als sein Vertrauen zu Gott und seine Religiosität, die er stets bei den geringsten Ereignissen des alltäglichen Lebens zu Tage legt. An seiner unverwüstlichen Heiterkeit und Zufriedenheit hat diese religiöse Richtung gewiß keinen geringen Anteil. Man versuche es und gehe einmal auf dem Heumarkt von Verkäufer zu Verkäufer und befrage einen jeden, ob er gute Geschäfte gemacht habe, wie sein Handel gehe, so werden ›Slawa Bogu choroscho‹ (Ruhm sei Gott, ganz gut!), ›Slawa Bogu porjadotschno‹ (Ruhm sei Gott, ganz ordentlich!), ›Slawa Bogu, ja dowollen‹ (Ruhm sei Gott, ich bin zufrieden!) Schlag auf Schlag die Antworten sein. Als ich einmal so weiter ging, kam ich endlich zu einem kleinen Mann, den ich ebenfalls fragte: ›Und Du, wie hast Du Geschäfte gemacht?‹ – ›Slawa Bogu, otschen plocho!‹ (Ruhm sei Gott, hundsgemein!) – ›Wenn es Dir so schlecht ging, warum sagst Du denn doch: Ruhm sei Gott?‹ – ›Gott macht es immer gut, Herr, und ich lobe ihn sowohl, wenn es mir schlecht, als wenn es mir gut geht.‹ Kann man das Christentum besser verstehen und üben, als es bei diesem Russen der Fall war? Freilich hat die Sache auch ihre Kehrseite, und wenn dies Lob Gottes und das Vertrauen zu ihm auf der einen Seite eine Quelle des leichten Sinnes der Russen ist, so ist es auch auf der anderen Seite ebenso eine Ursache wie eine Folge seines Leichtsinns, seiner Indolenz und seines planlosen in den Tag Hineinlebens, so daß man stets in Versuchung kommt, die Russen sozusagen für die Mohammedaner des Christentums zu halten, mit dem Unterschied allerdings, daß sie, wie alle Christen, den Teufel noch ebenso einmischen wie den lieben Gott.«[97]

Mojka, Isaaks-Platz, Marienpalais und Denkmal für Nikolaus I.

Von der Kasaner-Kathedrale führt unser Spaziergang den Newskij entlang in Richtung Admiralität. Am Stroganow-Palais, dem – im architektonischen Sinne – kleinen Bruder des Winterpalastes, biegen wir vor der Mojka links ab und sehen gleich – ebenfalls auf der linken Seite – ein schönes Beispiel jener Palastarchitektur, die für Anwesen des Adels immer typisch und auch in Petersburg bis zur elisabethanischen Zeit vertreten war. Der Palast steht zurückgesetzt hinter einem geräumigen Garten mit Paradezufahrt. Nachdem schon Peter der Große diese vor allem in Moskau übliche Bebauung ablehnte, hat sie Elisabeth schließlich untersagt. Seit Mitte des 18. Jahrhunderts mußten in Petersburg alle Paläste in einer Flucht errichtet werden, direkt entlang der Trottoirs. Der Rasumowsky-Palast an der Mojka wie auch der Palast der Familie Scheremetew an der Fontaka bilden Ausnahmen, da die ursprünglichen Paläste in den zwanziger und dreißiger Jahren des 18. Jahrhunderts noch in der Moskauer Bautradition entstanden. Die bis heute erhaltenen Nachfolgebauten wurden später über den Grundrissen der früheren Paläste errichtet. Sowohl das Stroganow-, als auch das Rasumowsky-Palais machen deutlich, in welcher Pracht der russische Adel residierte. Das repräsentative Äußere ihrer Domizile führt jedoch leicht in die Irre. Hinter den prächtigen Fassaden herrschten, wie man bei Zeitzeugen des 19. Jahrhunderts lesen kann, wüste Verhältnisse: »Das Innere der Häuser sieht traurig aus, weil man, trotz der prächtigen Meubles, die man auf englische Manier in Gesellschafts- und Besuchszimmern aufhäuft, einen Schmutz und eine Unordnung bemerkt, welche an Asien erinnern [...] Am wenigsten braucht man in einem russischen Hause das Bett. Die weiblichen Dienstboten schlafen in einer Art Verschlag, während die Männer sich auf der Treppe, in dem Vorhause und selbst, wie man mir sagt, in dem Saale auf Kissen herumwälzen, die sie für die Nacht dahin legen [...] Ich machte diesen Vormittag dem Fürsten ... einen Besuch [...] Er wohnt in dem Hause seiner abwesenden Schwester. In diesem kahlen Palaste ist er allein und verbringt die Nacht auf einer hölzernen Bank, auf die man einen Teppich und einige Kissen legt [...] Bisweilen besitzt man ein Paradebett, einen Luxusgegenstand, den man aus Rücksicht auf die europäische Mode zur Schau stellt, ohne Gebrauch davon zu machen.«[98] Ungeachtet der »asiatischen Verhältnisse« in Petersburger Palästen lobten die meisten ausländischen Besucher die berühmte russische Gastfreundschaft. So auch der aus Riga stammende Heinrich von Storch, der in Petersburg seine Karriere als Lehrer begann – er unterrichtete unter anderem auch den zukünftigen Kaiser Nikolaus – und schließlich als bedeutender Nationalökonom und Statistiker 1830 zum Vizepräsidenten der Akademie der Wissenschaften gewählt wurde: »Die hiesige Geselligkeit besteht im gemeinschaftlichen Genuß aller Lebensfreuden, und so erwartet der vornehme Petersburger am liebsten Besuch zu der Zeit, die man bei uns am sorgfältigsten vermeidet: zur Mittags- und Abendtafel. Und wer einmal in einem Haus vorgestellt ist, hat, wenn er gefällt, auf immer Zutritt. So kommt es, daß ein junger Mann, der nur einiges Talent zur Gesellschaft hat und nur in einem halben Dutzend Häuser bekannt ist, sich in Petersburg der Sorge für seine Wirtschaft ganz überhoben sieht [...] Man hat es sich hier zwar nicht zum erklärten Grundsatz, aber doch zu einer Selbstverständlichkeit gemacht, daß alles was getan, gesucht, betrieben werden muß oder soll, in den Stunden zwischen Morgen und Mittag geschieht. Das ist die Zeit, zu der man die Straßen belebt und die Häuser leer findet. Kaum rückt die Mittagsstunde heran, scheint jeder Zweck, jedes Interesse in dem kosmopolitischen Gedanken zu verschmelzen: zu schmausen und schmausen zu lassen. Es versteht sich, daß dies für die höheren Stände gilt; für den gewöhnlichen Russen ist das Umgekehrte bezeichnend, nämlich daß er eine regelmäßige Essenszeit nicht einhält, so denn auch die Garküchen des kleinen Mannes den ganzen Tag über geöffnet bleiben. Aber in den feineren Häusern setzt man sich um zwei Uhr zur

Tafel. Die Kaufleute machen hiervon eine gewisse Ausnahme, da sie erst zwischen drei und vier Uhr von der Börse kommen. Und bei den Engländern, die für eine Ausnahme immer gut sind, wird gewöhnlich nicht vor fünf Uhr nachmittags gespeist. Da der Nachmittag nur in allerdringendsten Fällen irgendwelchen Geschäften gewidmet ist, bleiben manche Gesellschaften nach dem Mahl zusammen, und dann werden sogleich Karten ausgeteilt. Gewöhnlich aber entfernen sich die Mittagsgäste bald, und es versammelt sich ein neuer Zirkel zum Tee und zur Abendtafel. In diesen Stunden können Sie versichert sein, wenigstens neun Zehntel des geselligen Publikums an Kartentischen beschäftigt zu finden. Um Mitternacht, in manchen Häusern auch schon um zehn Uhr, beginnt das Souper, bei welchem der Luxus einen Überfluß eingeführt hat, der für eine entbehrte Mittagsmahlzeit hinlänglich entschädigen kann. Nach dem Souper erhebt man sich sofort, und um diese Zeit brechen die rollenden Wagen die öde Stille, in welcher die Stadt vor allem während der dunklen Abende einige Stunden hindurch begraben liegt. Über den Umfang der hiesigen Gastfreundschaft habe ich Ihnen schon in einem meiner ersten Briefe nicht genug Rühmendes sagen können.«[99] Gute zwanzig Jahre später würdigte auch der preußische Diplomat Kurd von Schlözer die Gastfreundschaft der Petersburger Häuser: »Denn wenn man seit fünf Wochen [...] dank dieser unbeschreiblichen Gastfreiheit der Petersburger jeden Tag zu Mittag und zu Abend ausgebeten ist und während dieser ganzen Zeit nur ein einziges Mal nötig gehabt hat, sich bei ›Dominique‹ sein Diner zu kaufen, so muß das Blut wohl in einiger Wallung sein.«[100]

Entlang der Mojka, an Wohnhäusern aus dem 19. Jahrhundert vorbei, gelangen wir schließlich zum Isaaks-Platz.

In der Mitte steht das Denkmal für Nikolaus I.: ein majestätisches Reiterstandbild auf einem Sockel, der von vier Frauenfiguren gesäumt wird. Die Figuren sind allegorische Darstellungen des Glaubens, der Weisheit, der Gerechtigkeit und der Macht des Herrschers. Den unteren Sockelbereich schmücken vier Flachreliefs aus Bronze. Die Themen der Basreliefs sind Glorifizierungen bedeutender Ereignisse aus der Regierungszeit Nikolaus' I.

Im ersten Basrelief wird die Niederschlagung des Dekabristenaufstandes als ruhmreiche Tat des Kaisers dargestellt. Daß diese Tat mehr von Despotismus und Härte zeugte, als von Weisheit, Gerechtigkeit und Stärke, beschrieb der Franzose Custine: »Wäre er [Nikolaus] so groß, wie er zu sein scheint, so hätte er längst verziehen, aber die Milde erscheint ihm als eine Schwäche, durch die er seiner Würde etwas vergäbe. Da er gewohnt ist, seine Gewalt nach der Furcht zu messen, die er einflößt, so würde er dem Gesetze seiner politischen Moral untreu zu werden fürchten, wenn er Erbarmen übte. Ich beurteile die Macht eines Menschen über die Anderen nur nach der, welche ich ihn über sich selbst ausüben sehe und halte seine Herrschaft erst dann für gesichert, wenn er zu verzeihen gelernt haben wird. Der Kaiser Nicolaus hat nur gestraft. Er versteht sich auf die Schmeichelei, da ihm sein ganzes Leben hindurch sechzig Millionen Menschen schmeicheln, die ihm einzureden sich bestreben, daß er über den Menschen stehe, und glaubt nun seiner Seits dem Volke, von dem er angebetet wird, einige Körner Weihrauch streuen zu müssen [...] Europa soll es erfahren, daß ein Mann, dem sechzig Millionen Menschen unaufhörlich sagen, er sei allmächtig, – sich rächt! Ja, eine solche Justiz nenne ich Rache. Nach vierzehn Jahren erhält diese durch so großen heroischen Muth geadelte Frau [Gattin des Dekabristen Trubezkoj] von dem Kaiser Nicolaus statt aller Antwort die Worte [...] ›Ich bin erstaunt, daß man noch immer wagt ... (zweimal in fünfzehn Jahren! ...), eine Familie vor mir zu erwähnen, deren Haupt gegen mich conspirirte!‹ [...] Ich zögere, ich schwanke nicht länger; in mir steht das Urtheil über den Kaiser Nicolaus endlich fest. Er ist ein Mann von Character und Willen, und das muß er sein als absoluter Herrscher eines Drittheils der Erde, aber es fehlt ihm Großmuth –, der Gebrauch, den er von seiner Gewalt gemacht hat, beweist es nur zu gut. Gott verzeihe es ihm; ich werde ihn glücklicher Weise nicht wiedersehen [...] Wie entsetzlich ist die Macht, welche inmitten einer Wüste eine Hauptstadt hervorrief und die mit einem Worte der Einöde Alles zurückgeben kann, was sie ihr entrissen hat! Das Leben gehört hier nur dem Herrscher; das Geschick, die Kraft, der Wille eines ganzen Volkes liegen in einem Haupte. Der Kaiser von Rußland ist die Personification einer socialen Gewalt [...]«[101]

Ein zweites Basrelief zeigt Nikolaus, wie er im Juni des Jahres 1831 die durch eine Cholera-Epidemie aufgebrachte Bevölkerung zur Ruhe mahnte und größeres Blutvergießen verhindern konnte. Alexander Puschkin schrieb zu diesem Ereignis in einem Brief: »Die Zeiten sind recht traurig. In Petersburg wütet die Epidemie. Das Volk hat sich mehrere Male zusammengerottet. Absurde Gerüchte hatten sich verbreitet. Man behauptete, die Ärzte würden die Einwohner vergiften. Der wütende Pöbel hat zwei von ihnen massakriert. Der Herrscher hat sich bei den Aufrührern sehen lassen. Man schreibt mir: ›Der Zar sprach zum Volk. Die Menge lauschte ihm kniend – Stille – nur die Stimme des Zaren erklang wie heiliges Geläut über den Platz.‹ Es fehlt ihm weder an Mut noch an Redegewandtheit; diesmal ist man des Aufruhrs Herr geworden; aber inzwischen sind die Unruhen wieder ausgebrochen. Vielleicht wird man zur Kartätsche Zuflucht nehmen müssen.«[102]

Das dritte Basrelief ist der Ehrung von Speranskij gewidmet, der sich als Herausgeber der »Vollständigen Gesetzessammlung« hervorgetan hatte. Im vierten Relief wird an die Einweihung der Eisenbahnlinie Petersburg – Moskau im Jahre 1851 erinnert. Böse Zungen behaupteten, Nikolaus sei, als er selber die Strecke mit dem Zug gefahren ist, vor jeder Brücke ausgestiegen und mit einer Kutsche durch das Tal gefahren.

Der Isaaks-Platz wird links vom Marien-Palais begrenzt und rechts, nach Norden hin, von der Isaaks-Kathedrale. Das Palais ist das älteste Gebäude auf diesem Platz. Es war ein Geschenk Nikolaus' I. an seine Tochter Maria, als sie Maximilian, Herzog von Leuchtenberg im Jahre 1839 heiratete. Das Palais und die Kathedrale gegenüber repräsentieren eine neue Richtung in der Architektur, die in der zweiten Hälfte der Regierungszeit von Nikolaus den Klassizismus ablöste. Hatte Nikolaus in den Jahren nach seiner Thronbesteigung die Bauvorhaben (Generalstab) und Bauideen (Senat und Synod, Alexandra-Theater) seines Bruders Alexanders zu Ende geführt beziehungsweise in Auftrag gegeben, so macht er mit dem Geschenk an seine Tochter den Eklektizismus als neue Richtung modern. Nach der Fertigstellung des Marien-Palais wurden für seine Söhne Michail und Nikolaj zwei weitere Paläste in diesem Stil errichtet. Die neuen Tendenzen in der Architektur wurden auch vom Petersburger Adel aufgenommen, wie sich unter anderem am Palast der Familie Belosselskij-Bjeloserskij am Newskij-Prospekt sehen läßt.

Isaaks-Kathedrale

Die Gestaltungselemente des Eklektizismus zeigen sich auch im letzten monumentalen Bauwerk aus der Baugeschichte des zaristischen Petersburg. Die Isaaks-Kathedrale war das letzte große Projekt der russischen Kaiser. Alexander I. beauftragte den noch relativ unbekannten französischen Baumeister Auguste Richard de Montferrand damit. Montferrand reichte vierundzwanzig Entwürfe ein, und Alexander entschied sich für die Variante, die dem Klassizismus am nächsten lag. In den vierzig Jahren Bauzeit seit 1818 entstand dann ein Bauwerk, das nicht mehr rein klassizistisch genannt werden kann. Überladen mit Dekor und kostbarsten Materialien entwickelte es sich zu einem phantastischen und kostbaren Ungeheuer, dem die Petersburger wegen seiner Silhouette den Kosenamen »Tintenfaß« verliehen.

Die heutige Isaaks-Kathedrale ist bereits die vierte Kirche, die seit der Gründung der Stadt dem heiligen Isaak von Dalmatien geweiht worden ist. Isaak wurde im 4. Jahrhundert wegen seines Glaubens unter dem Kaiser Valens verfolgt und eingekerkert, kam jedoch später unter Kaiser Theodosius wieder frei. Das erste Kirchlein, das seinen Namen trug, entstand bald nach der Stadtgründung als ein zur Admiralität gehörendes Gotteshaus für Werftarbeiter und Matrosen. In dieser Kirche aus Holz wurde Peter 1712 mit Katharina getraut. Da das Gebäude schon recht bald nicht mehr in das architektonische Bild der neuen Hauptstadt paßte, beschloß man 1717, eine gleichnamige Kirche aus Stein zu errichten, und zwar dort, wo später das Denkmal für Peter den Großen errichtet werden sollte. An der Grundsteinlegung dieser zweiten, der Peter-und-Paul-Kathedrale ähnlichen Kirche

Die Isaaks-Kathedrale

nahm Peter der Große 1717 persönlich teil. Mit der Zeit wurde deutlich, daß die Kirche an einer ungünstigen Stelle erbaut worden war. Die Ufer der Newa waren damals noch nicht befestigt, und als es in der Nähe zu einem Erdrutsch kam, entstanden Risse in den Mauern und im Gewölbe. Einige Zeit später wurde die Kirche durch einen Brand fast vollständig zerstört. Sie sollte nun ein drittes Mal gebaut werden, diesmal weiter südlich des Newaufers. Tschewaki-inskij, der bereits die Nikolaus-der-Seefahrer-Kirche erbaut hatte, wurde mit dieser Aufgabe betraut. Der Baubeginn verschob sich, und nachdem Katharina II. zwischenzeitlich Kaiserin Elisabeth abgelöst hatte, wurden die alten Bau-pläne verworfen und ein neuer Architekt gesucht. Katharina engagierte Antonio Rinaldi, der als »Meister der Marmor-fassaden« bekannt war. Die Bauarbeiten gingen allerdings so schleppend voran, daß es in der Zwischenzeit erneut zu einem Wechsel auf dem russischen Thron kam. Paul, der Sohn von Katharina II., wurde Kaiser. Er plünderte die Bau-stelle – vor allem den Marmor, der für die Verkleidung der Kirchenfassade vorgesehen war – für sein Michaels-Schloß. Für die Fassaden des oberen, noch nicht fertiggestellten Tei-les der Isaaks-Kirche wurden nun einfach nur Backsteine genommen. So nahm die neue Kirche ein recht eigentüm-liches Aussehen an. Unten war sie mit Marmor verkleidet, im oberen Bereich bestand sie dagegen aus Backstein. In Petersburg wurde das nicht gerade harmonische Bauwerk mit folgenden Worten kommentiert: »Ein Denkmal zweier Herrscher, für jeden von ihnen ist es charakteristisch – auf dem soliden Marmor nur Steine aus porösem Ton.«[103] Man kann sich gut vorstellen, daß Paul dieser Vergleich zwischen ihm und seiner Mutter Katharina nicht gefallen hat. Man erzählte sich, der Urheber dieses Epigramms sei gefunden worden, und man hätte ihm zur Strafe Zunge und Nasenflügel herausgeschnitten und ihn nach Sibirien verbannt – eine in Rußland nicht unübliche Strafe.[104]

Mit den Bauarbeiten der vierten, bis heute erhaltenen Isaaks-Kathedrale begann man 1818. Um den sumpfigen Untergrund für ein solch gigantisches Bauwerk zu stabilisieren, wurden 10762 über fünf Meter lange, geteerte Kiefernpfähle in den Boden gerammt. Allein diese Arbeiten zogen sich über ein ganzes Jahr hin. Für die anschließenden Arbeiten am Fundament brauchte ein Heer von einer viertel Million Maurern, Zimmerleuten und Schmieden fast fünf Jahre. Dann wurden die Monolithsäulen aus Granit aufgestellt, die an vier Seiten der Kathedrale die Portiken tragen sollten und von denen jede über 100 Tonnen wog. Es muß ein großes Spektakel gewesen sein, von dem die Zeitgenossen in Briefen und Zeitungen berichteten: »Das Publikum konnte sich nicht vorstellen, wie man es anstellen würde, diese Riesenblöcke vom Boden zu heben, und ob es dann in Menschenkräften läge, sie auf große Entfernungen zu befördern. Im Verlaufe vieler Tage erregte diese Erwartung die Gemüter [...] Eine riesige Menschenmenge überflutete den Kai und den Isaaksplatz, um Augenzeuge dieser Wundertat zu sein [...].«[105] Die ersten Säulen wurden im Jahre 1828 aufgestellt, die letzten zwei Jahre später. Erst nach Fertigstellung der Portiken wurden die Mauern der Kirche aus Ziegelstein hochgezogen. An ihrer breitesten Stelle sind sie fünf Meter dick.

In die Zeit der Bauarbeiten fiel auch der Dekabristenaufstand. Nikolaus I. schrieb darüber in seinem Tagebuch: »Ich kam zum Platz geritten, um zu erkunden, ob es möglich wäre, die Meute zu umringen und zur Kapitulation zu zwingen. In diesem Augenblick wurde ein Schuß abgegeben ...

die Bauarbeiter der Isaaks-Kathedrale begannen uns mit Holzscheiten zu bewerfen. Es mußte eine Entscheidung getroffen werden, um mit der Revolte Schluß zu machen, sonst hätte sie den Pöbel zum Aufruhr anstiften können.«[106] Am Tag nach dem Aufstand wurden auf der Baustelle einige Leichen gefunden.

Der Franzose de Custine beschrieb im Jahre 1839 voll Bewunderung das entstehende Bauwerk, an dem im Verlauf von vierzig Jahren mehr als vierhunderttausend Menschen gearbeitet haben: »Der Kaiser [Nikolaus] besitzt übrigens wie jeder Reformator die Ausdauer, welche endlich das Ziel erreicht. Am Ende des Platzes [Schloßplatzes], der so groß ist wie ein Land und auf dem sich die Säule [Alexandersäule] erhebt, erblickt man auch ein Granitgebirge: die Isaakskirche in Petersburg. Dieses Gebäude ist weniger pomphaft, weniger schön in seinen Formen, weniger mit Verzierungen überladen als die Peterskirche in Rom, aber eben so staunenswerth. Noch ist sie nicht vollendet, man kann also über das Ganze nicht urtheilen; jedenfalls aber ist es ein Werk, das außer Verhältniß zu dem steht, was der Geist des Jahrhunderts jetzt bei den andern Völkern schafft [...] Dieser bewundernswürdige Tempel, der unter Alexander begonnen wurde, wird unter Nicolaus bald vollendet sein, und zwar durch denselben Franzosen, Montferrand, welcher die Alexandersäule aufrichtete.«[107]

Dekabristenplatz

Die geschichtlichen Ereignisse, an die der Name dieses Platzes erinnern soll, wurden am Anfang dieses Kapitels geschildert. In der Zarenzeit hieß dieser Platz noch Senatsplatz, nach dem angrenzenden Senatsgebäude. Erst nach der Oktoberrevolution erhielt der Platz aus Anlaß des einhundertjährigen Jubiläums des Dekabristenaufstandes seinen neuen Namen.

Aus den Memoiren eines Russen erfahren wir, welche Gedanken dem Publizisten Alexander Herzen kamen, als er 1839 Petersburg besuchte und auf dem Senatsplatz stand: »Mein Vater sagte mir, als er von mir Abschied nahm: ›Vor allen Dingen sei vorsichtig! Petersburg ist nicht mehr, was es war; nimm Dich in Acht mit *allen*[108] Menschen, von dem Lohnkutscher bis zu den Leuten, mit denen Du, selbst bei meinen Freunden, zusammen kommst. Es gibt Spione in allen Ständen. Sei hiermit gewarnt!‹ – Mit solch einem Epigraph stieg ich in den Postwagen, welcher mich nach Petersburg führen sollte, im Jahre 1839. Den dritten Tag nach meiner Abreise von Moskau, ungefähr um neun Uhr Abends, langte ich an, sandte meinen Diener mit dem Gepäck in den Gasthof, nahm mir einen Schlitten und ließ mich nach dem Isaaks-Platz fahren. Ich wollte meine Bekanntschaft mit Petersburg von diesem Platz aus beginnen. Alle Dinge um mich her waren mit tiefem Schnee bedeckt, nur die Statue Peter's des Großen zu Pferd zeichnete sich dunkel und scharf von dem weißen Grunde ab. Das Pferd bäumte sich auf seinem Felsen, der Reiter zeigte auf Etwas in der Ferne.

Warum wurde der Kampf am 26. December auf diesem Platze gekämpft? Warum antwortete das Echo von der Höhe dieses granitenen Piedestals auf den ersten Schrei der Emanzipation des russischen Volkes? Warum wurde das Carré der Insurgenten um Peter den Großen herum gebildet? War es eine Belohnung für ihn oder eine Strafe? Der 26. December 1825 war eine Consequenz des am 21. Januar 1725 [der Todestag von Peter dem Großen] unterbrochenen Werkes. Die Kanonen des Czaren Nikolaus waren ebensowol gegen die Statue als gegen die Insurgenten gerichtet. Es ist Schade, daß die Kanonade nicht auch den bronzenen Peter den Großen traf!«[109]

Geht man vom Dekabristenplatz und dem Denkmal für Peter den Großen durch die Parkanlage zuerst ein Stück zurück in Richtung Isaaks-Kathedrale und biegt dann links in die Grünanlage ein, die sich entlang der Admiralität bis zum Schloßplatz ausdehnt, sieht man von weitem bereits eine schlanke Säule inmitten des Schloßplatzes in die Höhe ragen.

Schloßplatz und Alexander-Säule

Der heutige Schloßplatz ist das Ergebnis der Bautätigkeit dreier Kaiser und dreier Stilrichtungen in über siebzig Jahren. Dennoch erscheint der Platz mit den ihn säumenden Bauwerken sehr harmonisch. Die architektonische Geschlossenheit der Anlage ist das Verdienst Carlo Rossis. Es ist ihm gelungen, sein strenges, klassizistisches Generalstabsgebäude dem überladenen, barocken Winterpalast anzupassen. Steht man mit dem Rücken zum Admiralitätsboulevard und vergleicht die barocke Fassade des Winterpalastes mit der klassizistischen Fassade des Generalstabs, sieht man, wie Rossi durch die Übernahme der korinthischen Säulen einen Bezug zu dem »Schwarm weißer Säulen«[110] des Winterpalastes hergestellt hat.

Die endlose, sich verlierende Weite des Schloßplatzes bekam einen »architektonischen Halt«, als Montferrand in der Mitte des Platzes die Siegessäule errichtete. Nikolaus I. hatte ihn damit beauftragt, um seinem älteren Bruder Alexander, dem »Retter Europas«, ein Denkmal zu setzen. Johann Georg Kohl schrieb über das Denkmal: »Die Idee dieser Säule ist eine religiös-politische, wie denn eben Alles in Rußland religiös-politisch ist. Sie wurde dem Kaiser Alexander zu Ehren errichtet und sollte zugleich das Andenken an die mit seinem Namen sich verknüpfende Wiederbefestigung des Staatsgebäudes und Sicherstellung der Religion verewigen. Der Angriff des ungläubigen irreligiösen Napoleon wird in Rußland nicht nur als ein Angriff auf den Staat, sondern auch insbesondere auf den Glauben betrachtet. Daher der Engel auf der Spitze der Säule, der das Kreuz wiederaufrichtet. Gewissermaßen wirft die Säule, deren Capital und Piedestalschmuck aus einer Partie türkischer Kanonen gegossen wurde, alle Feinde Rußlands, Türken, Franzosen, usw., in eine Kategorie und ist überhaupt eine Bethätigung, Versiegelung und Verewigung aller neuesten Siege des russischen Ruhmes. Gott weiß, welche Katastrophe nun darnach Veranlassung geben wird, diese 150 Fus[111] zu übersteigen.«[112]

Winterpalais und Neue Eremitage

Eines Morgens im Dezember des Jahres 1837 waren Nikolaus I. und sein Bruder Michail im Wappensaal des Winterpalastes damit beschäftigt, aus den Reihen der Rekruten Nachwuchs für die Garderegimenter auszuwählen. Da hätte es eigentlich jemandem auffallen müssen, daß sich ein Geruch verbreitete, der von einem Brandherd herrühren könnte. Liest man aber, was ausländische Besucher berichteten, könnte es durchaus sein, daß der Geruchsinn der Menschen derart abgestumpft war, daß sie dazu gar nicht mehr in der Lage waren: »Die Rußen haben im Allgemeinen

einen unangenehmen Geruch, den man selbst von Weitem bemerkt; die Leute von Stande riechen nach Moschus, die aus dem gemeinen Volke nach saurem Kohl, Zwiebeln und altem schmierigen Leder. Diese Gerüche finden sich regelmäßig. Daraus können Sie schließen, daß die dreißigtausend Unterthanen des Kaisers, welche ihm am 1. Januar ihre Glückwünsche in seinem Palast bringen, so wie die sechs- bis siebentausend, die wir morgen im Schlosse zu Peterhof sehen werden, um die Kaiserin zu feiern, einen fürchterlichen Geruch zurücklassen müssen.«[113] Ähnliches beobachtete (roch) auch Alexandre Dumas während seines Petersburger Aufenthaltes: »Der Mushik[114] strömt einen eigentümlichen Geruch aus, der in Frankreich unter dem Namen ›russisches Leder‹ bekannt ist. Ob nun der Mushik seinen Geruch an das Leder abgibt oder umgekehrt, ist ein großes, geheimnisvolles und bis jetzt noch ungelöstes Problem.«[115]

Wie dem auch sei, das Feuer im Winterpalais blieb lange Zeit unbemerkt und erst gegen Abend, als riesige Feuerzungen den Wappensaal erreichten, wurde mit der Evakuierung des Palastes begonnen. Die Feuerwehrmannschaften und das Militär brauchten fast drei Tage, um den Brand, der das ganze Palais erfaßt hatte, vollständig zu löschen. Zum Glück blieben alle Bewohner des Palastes unversehrt und fast alle Wertgegenstände konnten gerettet werden. Mit Beginn des neuen Jahres wurde eigens eine Baukommission ins Leben gerufen, deren Aufgabe es war, den Wiederaufbau des Palastes zu überwachen und dafür zu sorgen, daß die von Nikolaus gesetzte Fertigstellungsfrist von einem Jahr eingehalten wurde.

Nikolaus begab sich inzwischen im Frühjahr 1838 als Ehestifter nach München. Seine älteste Tochter Maria sollte den Herzog von Leuchtenberg heiraten. In München lernte er das schon recht umfangreiche Werk des bekannten Architekten Leo von Klenze kennen. Er war so beeindruckt, daß er – wieder in Petersburg – Klenze das Angebot machte, beim Wiederaufbau des Palastes mitzuwirken. Klenze antwortete darauf lieber erst gar nicht, weil er wußte, welch unmenschliches Tempo für die kaiserlichen Bauvorhaben in Rußland schon immer typisch war, und weil er unter solchen Umständen nicht arbeiten wollte: »Ich hatte keine Lust, mich in ein architektonisches Unternehmen echt russischer Art zu mischen, wo ein ungeheurer Palast mit Gold und Knute in dem vierten Teil der Zeit wieder aufgeführt werden sollte, deren diese Riesenarbeit bedurft hatte.«[116] Wie recht er hatte! De Custine berichtete über das Arbeitstempo beim Wiederaufbau des Winterpalastes: »Endlich sah ich die Façade des neuen Winterpalastes, eines andern wunderbaren Resultates des Willens eines Menschen, der mit Menschenkraft gegen die Gesetze der Natur kämpft. Der Zweck ist erreicht worden, denn binnen einem Jahre hat sich dieser Palast aus der Asche erhoben und er ist, glaube ich, der größte, so groß wie der Louvre und die Tuilerien zusammen.

Es mußten ungeheure Anstrengungen gemacht werden, um die Arbeit zu der von dem Kaiser gewünschten Zeit zu Ende zu bringen. Im Innern arbeitete man während des stärksten Frostes fort; fortwährend waren sechstausend Arbeiter beschäftigt. Zwar starben täglich mehrere, aber die Opfer wurden sogleich durch Andere ersetzt, die ihrerseits in dieser ruhmlosen Bresche sterben mußten. Und der einzige Zweck so vieler Opfer war die Erfüllung einer Herren-Laune. Bei den natürlichen d. h. längst civilisierten Völkern giebt man das Leben der Menschen nur wegen gemeinsamer

Interessen Preis, deren Wichtigkeit fast Jedermann aner-
kennt. Aber wie viele Generationen von Herrschern hat das
Beispiel Peters I. verleitet!

Bei einer Kälte von 25 bis 30 Grad waren 6000 unbe-
kannte Märtyrer, Märtyrer ohne Verdienst, die unfreiwillig
Gehorsam leisteten, was bei den Russen eine angeborene
und aufgenöthigte Tugend ist, in Säle eingeschlossen, welche man bis zu 30 Grad geheizt hatte, damit die Wände um
so schneller trockneten. So setzten sich die Unglücklichen,
wenn sie in dieses Haus des Todes, das durch ihre Aufopfe-
rung ein Asyl der Eitelkeit, der Prachtliebe und des Vergnügens wurde, hineinträten oder aus ihm heraus, einer um 50
bis 60 Grad verschiedenen Temperatur aus.

Die Arbeiten in den Bergwerken im Ural sind dem Leben
weniger gefährlich und doch waren die in Petersburg beschäftigten Arbeiter keine Übelthäter. Man hat mir erzählt,
die Unglücklichen, welche in den am höchsten geheizten Gemächern arbeiteten, hatten eine Art Mützen von Eis aufsetzen müssen, um ihre Sinne in der glühenden Temperatur zu
bewahren, welche sie ihre Arbeitszeit hindurch ertragen
mußten. Wollte man uns die Künste, die Vergoldung, den
Luxus und allen Hof-Pomp verleiden, man konnte kein
wirksameres Mittel ergreifen. Dennoch wurde der Herrscher »Vater« von so vielen Menschen genannt, die unter
seinen Augen für einen Zweck reiner kaiserlicher Eitelkeit
sich geopfert sahen.

Es wird mir unheimlich in Petersburg, seit ich diesen Palast gesehen habe und man mir gesagt hat, wie viele Menschenleben er kostete. Diese Details, deren Wahrheit ich
verbürge, sind mir weder durch Spione noch durch spot-
tende Russen mitgetheilt worden.

Die Millionen, welche Versailles kostete, nährten so viele

Familien von französischen Handwerkern, als die zwölfmonatliche Arbeit an dem Winterpalast slawische Leibeigene umbrachte; durch dieses Opfer hat aber auch das Wort des Kaisers Wunder gewirkt und der zur allgemeinen Zufriedenheit beendigte Palast wird durch Hochzeitsfeste eingeweiht werden. Ein Fürst kann in Rußland beliebt sein, ohne daß er großen Werth auf Menschenleben legt. Nichts Colossales wird ohne Mühe bewirkt; wenn aber ein einzelner Mensch die Nation und die Regierung ist, sollte er es sich zum Gesetze machen, die großen Triebfedern der Maschine, die er in Bewegung setzt, nur anzuwenden, um ein der Anstrengung würdiges Ziel zu erreichen.«[117]

Klenze konnte sich der Mitarbeit am Wiederaufbau des Winterpalastes erwehren. Ein anderes Angebot des russischen Kaisers reizte ihn dann aber doch. Er sollte in Petersburg ein geräumiges Museumsgebäude bauen, in dem die mittlerweile sehr umfangreiche Sammlung der kaiserlichen Gemäldegalerie untergebracht werden sollte. Im Mai des Jahres 1839 traf Klenze in Petersburg ein, um mit Nikolaus zweieinhalb Monate über den geplanten Neubau Gespräche zu führen. In den folgenden dreizehn Jahren, in denen parallel auch die Walhalla, die Propyläen und die Befreiungshalle entstanden, wurden unzählige Briefe zwischen Rußland und Bayern gewechselt, und Klenze schickte über sechshundert Zeichnungen nach Petersburg. Im Februar 1852 war es endlich so weit, und die Neue Eremitage öffnete ihre Pforten.

Nach der Eröffnung der Neuen Eremitage wurden von der Kanzlei des Hofes Eintrittskarten für den Besuch der neuen Ausstellungssäle ausgegeben, und zweimal in der Woche durften Besucher die Schätze der Eremitage bestaunen. Auch Studenten der Akademie der Künste hatten Zutritt,

Schloßplatz mit Alexandersäule und Generalstabsgebäude

allerdings mußten auch sie die allgemein geltende Kleider-vorschrift einhalten, über die schon Klenzes Sohn Hippolyt erstaunt war: Eintritt wurde nur gewährt, wenn die Herrn entweder einen Frack oder eine Uniform trugen.

IV. ZEIT DES UMBRUCHS

Das Erbe der Väter

Anfang März 1855 meldeten die Petersburger Zeitungen, der Kaiser befände sich im »Fieberwahn«, drei Tage später erfuhren die Leser, daß er gestorben war. Über den Tod von Nikolaus I. dürften die wenigsten Trauer empfunden haben. Despotismus, Bespitzelung, Verfolgung, Zensur und schließlich die Niederlage im Krimkrieg sorgten dafür, daß sein plötzlicher Tod eher Erleichterung hervorgerufen und Hoffnung auf eine bessere und liberalere Zeit geweckt hat. Der Dichter Fjodor Tjutschew fing in einem Zweizeiler die vorherrschende Meinung über den gerade verstorbenen Herrscher ein:

> »Du dientest weder Gott, noch Rußland,
> Du dientest nur Deiner Eitelkeit . . .«[118]

Nikolaus' Tod kam unerwartet, und es gibt Hinweise darauf, daß es kein natürlicher war. Zwei Leibärzte ließen einige Vertraute wissen, daß Nikolaus sie um Gift gebeten hatte. Auch der Thronfolger Alexander II. wurde davon unterrichtet. Ein schriftliches Zeugnis über die Giftaffäre fand sich Anfang des 20. Jahrhunderts im Archiv der zweiten Gattin Alexanders II., Katharina Dolgorukaja. Es war eine Handnotiz von Alexander, in der er schrieb, daß der Leibarzt Karrel zum unfreiwilligen Mörder seines Vaters wurde, als er dem Kaiser das Gift verabreichen mußte.

Alexander II. trat ein Erbe an, das schwerer kaum hätte sein können. Sein Vater Nikolaus hatte es zu Beginn seiner Herrschaft zwar auch nicht leicht und wäre um Haaresbreite Opfer des Dekabristenaufstandes geworden. Durch sein entschiedenes, aber grausames Vorgehen hatte er sich jedoch allgemeinen Respekt verschafft und durch sein despotisches Regime jeden Widerspruch unterbunden. Der preußische Diplomat Kurd von Schlözer schrieb in einem Brief vom 12./24.[119] Juli 1857, also nur zwei Jahre nach Alexanders Thronbesteigung: »Der vorherige Kaiser konnte tun, was er wollte; er hatte wenigstens bis zum Jahre 1854 den Nimbus der Macht um sich [...] Jetzt ist das anders. Jetzt ist immer von Milde und Sanftmut die Rede, weil der Kaiser mild und sanft ist. Läßt er es sich aber auch nur einfallen, einmal schroff aufzutreten und strenge Befehle zu erlassen, so sieht ein Offizier den anderen an und fragt: ›Was fällt denn dem ein? Das konnte wohl der Alte tun, aber dieser da?‹«[120]

Die lange überfälligen Reformen konnte Nikolaus noch autoritär und durch grausame Verfolgung Andersdenkender verhindern. Von seinem Sohn aber erhoffte man endlich Veränderungen. Zwar nahm sich Alexander II. noch im Jahr seiner Krönung des Problems der politischen Gefangenen an, so daß zum Beispiel die Dekabristen Sibirien verlassen und nach Petersburg zurückkehren durften. Die notwendigen gesellschaftlichen und politischen Umgestaltungen aber wurden nur schleppend und halbherzig vollzogen. Erst 1861 wurde die Leibeigenschaft nach langem Hin und Her abgeschafft. Die Einführung der konstitutionellen Monarchie ließ weiter auf sich warten. Es gab einige Reformen, aber eben nur zaghaft, und so entstand eine Atmosphäre allgemeiner Unzufriedenheit und Unsicherheit. Kurd von Schlözer schrieb in dem bereits oben zitierten Brief weiter: »Deshalb glaube ich freilich nicht im entferntesten an Revolution, Barrikaden, Palastemeuten oder dergleichen – aber der alte Sauerteig wird in einer Weise aufgerührt, bei der fürs erste eben nur das Schlechte zum Vorschein kommt – und das findet sich haufenweise. Alles wird verkehrt angefaßt: Man will sparen, deshalb entläßt man Offiziere und Beamten; aber durch ein solches willkürliches Entlassen wird das nach einem unglücklichen Kriege mißvergnügte Heer und das Beamtentum noch mehr demoralisiert, als es schon jetzt ist. Man will die Leibeigenschaft aufheben und weiß nicht wie. Eine Intrige folgt der anderen […] So entsteht ein Schimpfen und Herunterreißen, von dem ich Dir schon vor meiner Reise schrieb, das aber seitdem mit Riesenschritten zugenommen hat. Alles wird angegriffen, und da es wohl kein Publikum gibt, das so urteilslos ist wie das Petersburger, so kommen die wunderbarsten Ausfälle zum Vorschein […] Kurz: eine kopflose Menge und ein regierungsunfähiger Kopf. Noch ist der Himmel klar, aber die Wolken ballen sich.«[121]

Die Radikalisierung nahm zu. Die Lockerung einiger Gesetze wirkte wie ein Ventil für die aufgestaute Wut über die lange erduldeten Unmenschlichkeiten und Erniedrigungen. Unter Nikolaus' Herrschaft war alles verboten, was oppositionelles Denken hätte unterstützen oder fördern können. Die Universitäten standen unter Aufsicht der kaiserlichen Spitzel. Fächer wie Philosophie galten als gefährlich und wurden von vornherein verboten. Für Zeitschriften, wissenschaftliche und literarische Publikationen gab es eine Vorzensur. Unter Alexander wurden diese Bespitzelungen und Kontrollen wieder etwas zurückgenommen. Kurioserweise betraf die Lockerung der Zensur nur Bücher mit über einhundertundsechzig Seiten, bei Übersetzungen lag das Limit bei dreihundertundzwanzig Seiten. Die zuständigen Behörden waren offensichtlich der Meinung, dünne Bücher würden eher gelesen und wären deshalb gefährlicher. Viele Revolutionäre und Literaten schrieben also in jener Zeit ausschließlich dicke Bände. Die weitgehende Zulassung öffentlicher Kritik an den Regierungsmaßnahmen führte dazu, daß radikale Kräfte zum ersten Mal sogar öffentlich den »Zarenmord« forderten und entsprechende Pamphlete verteilten:

»An das junge Rußland!

Durch die Schuld derer, die über uns herrschen, ist unser Land in eine fürchterliche Lage geraten. Es bleibt ihm nur ein einziger Ausweg. Das ist eine blutige, unbarmherzige Revolution, die radikal alle Grundlagen der heutigen Gesellschaftsordnung ohne Ausnahme verwerfen und die Anhänger des herrschenden Systems vernichten wird [...]

Zuerst werden wir mit dem kaiserlichen Hause abrechnen. Mit ihrem Blut werden die Romanows für die Qualen des Volkes, für den Despotismus so langer Jahre, für ihre Nichtachtung der einfachsten Rechte und Bedürfnisse ihrer Untertanen zahlen. Das ganze Haus der Romanows wird sein Haupt verlieren. Laßt uns in das Winterpalais ziehen und seine Bewohner austilgen! [...] Zu den Beilen! Schlagt die Zarenpartei ohne Erbarmen, so wie sie uns ohne Erbarmen entgegengetreten ist! Schlagt sie auf den Plätzen, wenn das Hundepack sie zu betreten wagt! Schlagt sie auf den Gassen der Provinzstädte und auf den Boulevards der Metropole! Schlagt sie auf den Dörfern und in den Weilern! [...]. Das zentrale Revolutionskomitee, 1862.«[122]

Terror in St. Petersburg

Am Ende des geschichtsträchtigen Jahres 1861 schrieb Kurd von Schlözer: »Hier ist seit sechs Wochen der Teufel los. Jeden Tag treten Symptome der inneren Fäulnis auf. Beim Erscheinen der ersten geheimnisvollen revolutionären Proklamation lächelt der gut geschulte Petersburger. Bei der zweiten wurde er stutzig, bei Nummer drei bedenklich. Man kann weder Autor, noch Drucker, noch Kolporteur entdecken. Hinter der zweiten mag Herzen stecken, aber Nummer eins und drei, der »Großrusse« genannt, hüllen sich in tiefes Geheimnis [...] Vorigen Montag also ziehen 1500 Studenten, die in der Woche vorher so heftig in der Universität gelärmt und geredet, daß man letztere geschlossen in großer Prozession mittags 1 Uhr durch den Newski-Prospekt in die Wladimirskaja [...] Truppen sind aufgestellt. General Ignatieff, ein Verwandter des Gesandten, und Patkul wüten herum, drohen mit Gewalt. Die Studenten ziehen ab. Diese Szenen wiederholen sich die nächsten Tage. Endlich Verbote gegen Versammlungen von Studenten. Patrouillen ziehen durch die Straßen [...]«[123]

Die Situation war äußerst gespannt. Aber es dauerte noch fünf Jahre, bis die aufgeputschten Radikalen die Gelegenheit zum »Zarenmord« ergriffen. Elf Jahre nach der Thronbesteigung wurde auf Alexander der erste Schuß abgefeuert. Der Kaiser machte gerade einen Spaziergang im Sommergarten. Er ging oft und gerne dahin, manchmal nur in Begleitung eines Adjutanten, viel lieber aber mit der damals neunzehnjährigen Katharina Dolgorukaja, in die sich der achtundvierzigjährige verheiratete Monarch gerade verliebt hatte. In dieser stimmungsvollen Umgebung traf er auf den Attentäter, einen verarmten Adeligen, der glaubte, mit dem

Tod des Zaren das Signal für den Beginn der Revolution geben zu können. Der Schuß verfehlte das Ziel, zur Revolution kam es vorerst nicht. Alexander wußte nun, daß er in großer Gefahr war. Trotzdem schien er das Leben zu genießen. Vielleicht läßt sich das verstehen, wenn man einen seiner Briefe liest, die er Katharina Dolgorukaja schrieb: »Vergiß nicht, daß mein ganzes Leben dir gehört, Engel meiner Seele, und daß das einzige Ziel dieses Lebens darin besteht, dich so glücklich zu sehen, wie man es in dieser Welt sein kann. Ich glaube, ich habe dir seit dem 13. Juli [1866, der Tag, an dem Katharina seine Geliebte wurde] bewiesen, daß ich, wenn ich jemanden wirklich liebe, dies nicht auf egoistische Weise tue ... Du wirst verstehen, daß ich nur noch in der Hoffnung lebe, dich nächsten Donnerstag in unserem schönen Nest wiederzusehen.«[124]

In den nächsten Jahren kam es zu fünf weiteren Anschlägen; den letzten überlebte er nicht. An einem Märzsonntag des Jahres 1881 fuhr Alexander von einer Parade im Michaels-Schloß zum Winterpalast zurück. Da aus Sicherheitsgründen die Fahrtstrecke variiert wurde, bezogen die Terroristen Stellung in allen in Frage kommenden Straßen. Vier Bombenwerfer standen am Katharinen-Kanal, und als die kaiserliche Kutsche dort nahe genug herangekommen war, wurde die erste Bombe geworfen. Zwei Kosaken der Leibgarde und die Pferde der kaiserlichen Kutsche wurden getroffen. Alexander stieg – noch unverletzt – aus dem halbzerstörten Wagen und beugte sich über die Verwundeten, als man eine zweite Bombe warf. Tödlich verletzt und blutüberströmt brachte man ihn sofort in den nahegelegenen Winterpalast. Die Familie und seine Leibärzte versammelten sich um ihn, aber es war zu spät.

Die »aristokratische« Stadt erlebt einen Wandel

Neben Peter dem Großen war es nur noch Alexander II., der weitreichende Veränderungen in Staat und Gesellschaft in Gang gebracht hatte. Und wäre Alexander nicht politischem Terror zum Opfer gefallen, hätte Rußland wahrscheinlich noch 1881 eine Verfassung bekommen. Sie lag bereits vor, Alexander hatte sie einen Tag vor dem tödlichen Anschlag unterschrieben. Um rechtskräftig zu werden, war nur noch die Zustimmung des Ministerrats nötig.[125] Das tödliche Attentat verhinderte, daß Rußland noch Ende des 19. Jahrhunderts konstitutionelle Monarchie wurde. Als Alexander III. die Nachfolge seines Vaters antrat, war Schluß mit den Reformen. Die Verfassung wurde zu den Akten gelegt und sollte so schnell wie möglich vergessen werden. Der junge Alexander kehrte zum autokratischen Regierungsstil seines Großvaters zurück. Und doch war die russische Gesellschaft im Umbruch. Die Aufhebung der Leibeigenschaft wirkte sich auf das Leben jedes Einzelnen aus, und auch für Petersburg waren die Veränderungen beträchtlich. Tausende von Arbeitssuchenden, ehemalige Leibeigene, strömten in die Metropole, um im Handwerk oder in den gerade entstehenden Fabriken ihren Lebensunterhalt zu verdienen. Das Proletariat wuchs und veränderte das gesellschaftliche Leben und die weitere städtebauliche Entwicklung der Hauptstadt.

Über die neuen Bautendenzen schrieb 1902 der Kunsthistoriker und zeitweilige Direktor der Gemäldesammlung Eremitage, Alexander Benois: »Zugeben muß man allerdings, daß (…) Petersburg in den letzten 50 Jahren nicht mehr das ist, was es war [...] es beginnt sogar allmählich wie ein geschmackloser Stutzer auszusehen [...] es entstehen irgendwelche riesigen Häuser mit »angenehmen«, »prunkvollen« Fassaden, lichtüberflutete, mit allerlei Tand vollgestopfte Kaufhäuser werden eröffnet – es findet, mit einem Wort, etwas Ungutes, etwas geradezu Unanständiges statt. Einige der besten Gebäude sind in diesen Jahren gänzlich verschwunden (...). Jährlich gehen dutzendweise reizvolle Villen aus der Zeit Alexanders und Katherinas verloren, sie werden zu riesigen, prunkhaften Mietobjekten umgebaut oder – schlimmer noch – mit allerlei abscheulichen Stuckornamenten »dekoriert«.[126]

Bis zur Zeit Alexanders I. prägten kaiserliche Bauvorhaben und Projekte des russischen Hochadels das Stadtbild. Seit der Mitte des 19. Jahrhunderts waren es Mietshäuser, die der Stadt ein neues Aussehen verliehen. Die Grundstückspreise stiegen ins Unermeßliche, und »Bausünden« zerstörten allmählich die architektonische Geschlossenheit der Stadt. Dabei war gerade das »harmonische Ganze« das Besondere an Petersburg. Benois notiert dazu: »Wenn Petersburg schön ist, dann eben als Ganzes, oder vielmehr in riesigen Blöcken, in großen Ensembles und weiten Panoramen – steif und formell zwar, und dennoch von majestätischer Schönheit [...] In Petersburg herrscht derselbe strenge römische Geist, der Geist der Ordnung, jener Geist des formvollendeten Lebens, der für die allgemeine russische Schlampigkeit so unerträglich ist, aber doch ganz ohne Zweifel auch seine Reize besitzt [...] tatsächlich [wurden] sonst nirgendwo derart viele – nicht nur in ihren Ausmaßen, sondern auch vom Konzept her – gewaltige, kolossale Bauten errichtet [...] Es ist, als hätten unsere weiten Ebenen und die übermäßig breite Newa die Ausländer zu Schöpfungen inspiriert, die ebenso weit und fern und ungemütlich sind, wie unsere Natur. Hinzu kommt natürlich, daß die Städte überall in Europa bereits erbaut waren, überall mußten die wunderbaren Denkmäler des Altertums geschont werden, während hier bloß leerer Raum war, auf dem man bauen konnte, was und wie man wollte. Einer der Hauptgründe für den einheitlichen Eindruck Petersburgs ist nämlich die relative Gleichzeitigkeit der Entstehung der wichtigsten Bauwerke, ebenso wie die Weiträumigkeit, die den Vorhaben und den Ausführungen der Künstler zur Verfügung stand.«[127]

Dem fast schon surreal wirkenden, majestätischen, glanzvollen Petersburg mit seinen Prunkbauten, Prachtstraßen und unübersehbar weiten Plätzen trat jetzt ein anderes Petersburg gegenüber. Im Schatten der Paläste des Zentrums wuchsen kahle graue Viertel mit engen Straßen, schmucklosen Mietshäusern und düsteren Hinterhöfen. Es war das Petersburg der kleinen Leute, der Armen und Deklassierten – das Petersburg Dostojewskis.

Dostojewskis Petersburg

> »Ich liebe dich, du Schöpfung Peters …«
> Pardon, nein, ich liebe sie nicht.
> … Fenster, Löcher – und Monumente.«[128]

Dostojewski spielt in diesem Dreizeiler auf Puschkins *Eherner Reiter* an und bringt darin seine eigenen zwiespältigen Gefühle zum Ausdruck. Fasziniert und abgestoßen von der ihm unwirklich erscheinenden Stadt, zeigt er in seinen Werken ein anderes Petersburg. Es ist das der Armen, Gedemütigten und Deklassierten.[129] Die Stadt wird zur Kulisse für die seelischen Abgründe ihrer Bewohner – Verkommenheit,

Niedertracht, Leidenschaften, Habgier, Haß. Sie übt aber auch direkten Einfluß auf das Leben und das Schicksal der Menschen aus: »Es ist eben eine Stadt von Halbverrückten. [...] Es gibt wenige Orte, wo sich so viele trübe, starke, seltsame Momente, die auf die menschliche Seele wirken, vereinigt finden wie in Petersburg. Wie mächtig sind allein schon die Einwirkungen des Klimas!«[130]

Dostojewski kannte die Örtlichkeiten und Menschen, über die er schrieb. Er hatte die meiste Zeit seines Lebens in Petersburg verbracht. Als Sechzehnjähriger kam er in die Hauptstadt, um an der Ingenieurschule der Militärakademie, die sich damals in Pauls Michaels-Palast befand, zu studieren. Nach dem Abschluß arbeitete er als technischer Zeichner im Kriegsministerium, nahm aber sehr bald seinen Abschied, um sich nur noch dem Schreiben zu widmen. Bereits sein erster Roman, *Arme Leute*, war ein großer Erfolg. Nach weiteren Romanen und Veröffentlichungen wurde er 1849 verhaftet. Grund für die Festnahme war seine Zugehörigkeit zum Petraschewskij-Kreis, einem sozialistischen Geheimbund. Nach acht Monaten in den Gefängniszellen der Peter-und-Paul-Festung wurde Dostojewski mit anderen Verurteilten zur Hinrichtung geführt. Die Todeskandidaten wurden in Gruppen aufgereiht. Dostojewski stand in der zweiten Gruppe und sah, wie die erste vor das Erschießungskommando trat. Die Gewehre waren schon erhoben, als in buchstäblich letzter Minute der Schießbefehl doch nicht gegeben wurde: In Wirklichkeit waren gar keine Hinrichtungen vorgesehen. Die Begnadigung aller Verurteilten zu mehrjährigen Haftstrafen stand schon fest, aber der Zar hatte angeordnet, die Hinrichtung zum Schein bis zur letzten Minute ablaufen zu lassen. Dieses Ereignis, die letzten Minuten und Sekunden vor der Hinrichtung, verarbeitete

Dostojewski in seinem Roman *Der Idiot*: »Nun vergehen drei, vier Stunden, die durch die bekannten Dinge ausgefüllt werden: durch den Besuch des Geistlichen, durch das Frühstück, bei dem ihm Wein, Kaffee und gebratenes Rindfleisch gereicht werden (aber ist das nicht der reine Hohn? Bei einiger Überlegung sagt man sich ja, welche Grausamkeit darin liegt; aber andererseits handeln diese harmlosen Leute in bester Meinung und sind überzeugt, daß das Humanität ist); dann folgt die Toilette [...] schließlich fährt man ihn durch die Stadt zum Schafott ... Ich denke mir, daß er, auch während er so fuhr, die Vorstellung gehabt hat, es bleibe ihm noch eine endlose Zeit zum Leben übrig. Ich glaube, er hat unterwegs gewiß gedacht: ›Es dauert noch lange; noch drei Straßen lang habe ich zu leben; jetzt fahre ich durch diese, dann kommt noch jene, dann noch jene, wo rechts der Bäckerladen ist ... es ist noch eine ganze Weile, bis wir zu dem Bäckerladen kommen!‹ Ringsumher eine Menge Volk [...] – all das muß er ertragen [...] Nun, das ist erst die Vorbereitung. Auf das Schafott führte eine kleine Treppe hinauf; vor dieser Treppe brach er plötzlich in Tränen aus, und dabei war er ein starker, kräftiger Mann, ein gewalttätiger Verbrecher, wie man sagte [...] da ihm die Füsse gefesselt waren, konnte er nur ganz kleine Schritte machen. Der Geistliche, wohl ein verständiger Mensch, sprach nicht mehr, sondern hielt ihm immer ein Kruzifix zum Küssen hin. Schon am Fuß der Treppe war er sehr blaß; als er aber hinaufgestiegen war und auf dem Schafott stand, wurde er auf einmal weiß wie ein Blatt Papier, ganz wie ein Blatt weißes Schreibpapier. Wahrscheinlich wurden ihm die Beine schwach und steif, und es wandelte ihn eine Übelkeit an, wie wenn er in der Kehle ein Würgen und infolgedessen eine Art Kitzel fühlte [...] Da nun, als diese Schwäche begann, hielt ihm der Geistliche auf einmal ganz schnell, mit einer raschen Bewegung und ohne ein Wort zu sagen, das Kruzifix dicht an die Lippen (es war so ein kleines, silbernes Kruzifix), und das tat er zu wiederholten Malen, alle Augenblicke. Und sowie das Kruzifix seine Lippen berührte, öffnete er jedesmal die Augen und schien sich wieder für ein paar Sekunden zu beleben, und die Beine gingen weiter. Das Kruzifix küßte er begierig und hastig, als beeile er sich, für jeden Fall eine Art von Reisevorrat mitzunehmen; aber schwerlich hatte er in diesem Augenblick irgendwelche frommen Gedanken. So ging es, bis er dicht bei dem Brett war ... Es ist merkwürdig, daß nur selten ein Verurteilter in diesen letzten Sekunden in Ohnmacht fällt! Im Gegenteil ist der Kopf sehr lebendig und arbeitet wahrscheinlich mit aller Kraft, mit aller Kraft, wie eine in Gang befindliche Maschine; ich stelle mir vor, daß allerlei Gedanken darin nur so pochen, unvollendete und vielleicht auch lächerliche, fremdartige Gedanken: ›Der Mensch, der da zusieht, hat eine Warze auf der Stirn; an dem Rock des Scharfrichters ist unten der eine Knopf verrostet ...‹, und dabei weiß man alles und erinnert sich an alles; und da ist ein Punkt, den man auf keine Weise vergessen kann, und in Ohnmacht fallen kann man auch nicht, und alles dreht und bewegt sich um ihn, um diesen Punkt. Und wenn man nun bedenkt, daß das so bis zur letzten Viertelsekunde fortgeht, wo der Kopf schon auf dem Brett liegt und wartet und ... *weiß*[131], was kommen wird, und auf einmal über sich das Geräusch gleitenden Eisens hört!«[132]

Dostojewski verbrachte vier Jahre im sibirischen Straflager und weitere vier Jahre im Militärdienst, er verlor seinen Adelstitel und das Recht, nach der Strafzeit in den europäischen Teil Rußlands zurückzukehren. Um als Sträfling erkennbar zu sein, wurde ihm – wie allen Sträflingen – eine

Hälfte des Kopfes geschoren; seine Zeit im Straflager verarbeitete Dostojewski in dem Roman *Aufzeichnungen aus einem Totenhaus*.

Als Alexander II. an die Macht kam, wurden die politischen Häftlinge nach und nach begnadigt. Sie erhielten ihre bürgerlichen Rechte zurück und bekamen die Erlaubnis, Sibirien zu verlassen, durften aber weder in Petersburg noch in Moskau wohnen. Dostojewski hatte nach einem schriftlichen Bittgesuch beim Kaiser erreicht, daß er schließlich 1859 wieder nach Petersburg zurückkehren konnte. Er wohnte in den heruntergekommenen Vierteln rund um den Heumarkt und an der Wladimirer-Kirche. Hier, in diesem düsteren, schäbigen Petersburg fand er die Welt und die Helden seiner berühmten Romane. In den nächsten einundzwanzig Jahren, die von vielen Aufenthalten in Westeuropa unterbrochen waren, hat er zwanzig verschiedene Wohnungen bezogen. Manche behaupten, es war die ständige Flucht vor den Gläubigern. In einem Brief schrieb er: »Ich habe mein ganzes Leben lang für Geld gearbeitet und mein ganzes Leben lang befand ich mich jeden Augenblick in Not.«[133] Dostojewski konnte zwar auch nicht richtig haushalten, aber daß er immer unter Geldmangel litt, war in erster Linie die Folge seiner Spielsucht. Drei Jahre vor seinem Tod bezog er noch einmal eine neue Wohnung in der Nähe der Wladimirer-Kirche. Es war, wie schon so oft, wieder ein Eckhaus – vielleicht der besseren Lichtverhältnisse wegen, vielleicht hatte es auch eine symbolisch-mystische Bedeutung. Hier schrieb er seinen letzten Roman: *Die Brüder Karamasow*. Sein Leben hatte nun einen geregelten Verlauf: Gegen elf oder zwölf Uhr Mittags stand er auf und frühstückte mit seinen Kindern. Danach widmete er sich der Arbeit. Er diktierte Anna Grigoriewna, seiner zweiten Ehefrau, was er in

Hinterhof eines Hauses am Heuplatz,
aus der Zeit Dostojewskis

der Nacht zuvor geschrieben hatte. Dann korrigierte er die Abschriften vom letzten Tag. Gegen sechzehn Uhr ging er spazieren oder machte Besuche. Um achtzehn Uhr wurde im Kreise der Familie die Hauptmahlzeit, das russische »Mittagessen«, eingenommen. Bis zum Tee, der um neun Uhr abends serviert wurde, widmete er sich seinen Kindern oder empfing Besuch. Gegen zehn Uhr abends fing er erst mit dem Schreiben an; denn er war sehr lärmempfindlich und konnte nur nachts, dann aber bis vier oder fünf Uhr morgens, schreiben.

Dostojewskis letzte Wohnung im Kusnetschnyj pereulok 5 ist heute Museum. In den sechs Zimmern, die er zusammen mit seiner Frau und den beiden Kindern bewohnte, stehen zum Teil noch Originalmöbel. Ein Besuch lohnt sich, und ein Vergleich mit Puschkins Wohnung an der Mojka 12 (ebenfalls Museum) macht das unterschiedliche Leben der beiden Dichter augenfällig. Puschkins Wohnung strahlt Vornehmheit und Eleganz aus und befindet sich in unmittelbarer Nähe des Winterpalastes. Geht man durch die Zimmer von Dostojewskis Wohnung, spürt man Ärmlichkeit und kann sich recht gut vorstellen, in welcher Welt seine Helden lebten. Zum Beispiel Raskolnikow: »Seine Kammer [. . .] hatte in der Größe eher Ähnlichkeit mit einem Schrank als mit einer Wohnung [. . .] Dies war ein winziger Käfig, sechs Schritte lang, der mit seiner gelblichen, verstaubten, sich überall von der Wand lösenden Tapete einen überaus kläglichen Eindruck machte und so niedrig war, daß es einem nur einigermaßen hochgewachsenen Mann darin bange wurde und er jeden Augenblick befürchten mußte, mit dem Kopf gegen die Decke zu stoßen. Das Mobiliar paßte zu der Räumlichkeit: es waren drei alte, etwas defekte Stühle da; in einer Ecke ein gestrichener Tisch [. . .] endlich ein plumpes, großes Sofa, das beinahe die ganze Längswand und die halbe Breite des ganzen Zimmers einnahm; einstmals war es mit Kattun überzogen gewesen, von dem aber jetzt nur Fetzen übrig waren [...] Vor dem Sofa stand ein kleines Tischchen. Es ließ sich kaum eine größere Verkommenheit und Unsauberkeit denken;«[134]

Obwohl bei Dostojewski nichts von der Verwahrlosung von Raskolnikows Kammer zu sehen ist, kann man doch eine ähnliche Atmosphäre der Beklommenheit und Schäbigkeit spüren, wie sie in den Zimmern und Häusern der »kleinen Leute« geherrscht haben mag. Auch der Treppenaufgang zur Wohnung erinnert an eine Stelle in *Schuld und Sühne*: »Je weiter sie kamen, um so dunkler wurde die Treppe.«[135]

Rundgang D: Topographie eines Mordes: Heuplatz-Viertel und Katharinen-Kanal in Dostojewskis *Schuld und Sühne* → Marien-Theater und Konservatorium [s. Seite 226]

Topographie eines Mordes: Heuplatz-Viertel und Katharinen-Kanal in Dostojewskis ›Schuld und Sühne‹

Dieser Spaziergang führt in die Straßen und Gassen abseits der glanzvollen Bauten und prächtigen Boulevards. Wir erkunden das Petersburg der »kleinen Leute«, das schon wenige Schritte vom Newskij hinter der Kasaner-Kathedrale beginnt. Von der Kathedrale aus gehen wir entlang des Gribojedow-Kanals (in manchen Stadtplänen bereits wieder Katharinen-Kanal genannt) auf die Bank-Brücke zu. Links ist der Kanal und rechts verläuft eine lange Häuserzeile. Es sind Mietshäuser aus der zweiten Hälfte des 19. Jahrhunderts, in denen damals die ersten Industriearbeiter ihre engen, tristen Unterkünfte fanden. Verglichen mit den »Slums«, den dürftigen Holzbaracken am Stadtrand, waren dies jedoch noch solide Wohnungen. Man versuchte, das Bild der glanzvollen Metropole nicht völlig zu zerstören. Die hohen Grundstückspreise führten aber dazu, daß hinter der ersten Häuserzeile, die entlang der Straße verläuft, eine zweite Reihe von Mietshäusern entstand. So wurden die ohnehin schon dunklen Innenhöfe noch weiter zugebaut, und die Menschen bekamen – und bekommen noch heute – kaum einen Sonnenstrahl zu Gesicht. Wagt man sich in diese Hinterhöfe, befindet man sich in der düsteren, schäbigen Romanwelt Dostojewskis: Müllberge, leere Flaschen, der Gestank von Abfall, Alkohol und Urin. Hunderte von Metern verlaufen diese Hinterhöfe parallel zur Straße.

Wir folgen weiterhin dem Lauf des Kanals und lassen links eine kleine Fußgängerbrücke und dann die sogenannte Stein-Brücke aus der Zeit Katharinas II. hinter uns. Schließlich kommen wir zur Demidow-Brücke, die mit vier schönen Laternen auf kunstvoll verzierten schmiedeeisernen Halterungen geschmückt ist. Hier verlassen wir die Uferstraße des Kanals, die leicht nach links abknickt, und gehen weiter gerade aus in die Graschdanskaja uliza.[136] Jetzt sind wir in einer Gegend, in der Dostojewski längere Zeit wohnte. 1864 mietete er eine Wohnung in der zweiten Etage des Eckhauses Stolarnyj pereulok[137] Ecke Kasnatschejskaja uliza Nr. 7 (eine dort angebrachte Gedenktafel erinnert daran). Es ist auch das Stadtviertel, in dem sich zahlreiche Schauplätze aus Dostojewskis Roman *Schuld und Sühne* befinden. Gleich an der ersten Kreuzung, die wir erreichen,

(Ecke Graschdanskaja uliza und Stolarnyj pereulok) sieht man rechts ein beiges Eckhaus mit zwei schmiedeeisernen Balkonen an der Eckfront des Hauses und darunter eine erst kürzlich errichtete Gedenktafel mit einem Hochrelief. Das neue Denkmal ziert das Haus, in dem Dostojewski in einem kleinen Zimmer seinen Helden Rodion Raskolnikow wohnen ließ:

»An einem der ersten Tage des Juli – es herrschte eine gewaltige Hitze – verließ gegen Abend ein junger Mann seine Wohnung, ein möbliertes Kämmerchen in der S ... gasse,[138] und trat auf die Straße hinaus; langsam, wie unentschlossen, schlug er die Richtung nach der K ... brücke ein.[139] [...] Seine Kammer lag unmittelbar unter dem Dach des hohen, fünfstöckigen Hauses[140] [...]. Auf der Straße war eine furchtbare Hitze; dazu noch die drückende Schwüle und das Gedränge; überall Kalkgruben, Baugerüste, Ziegelsteine, Staub und jener besondere Sommergestank, den jeder Petersburger, soweit er nicht in der Lage ist, in die Sommerfrische zu gehen, so gut kennt – all dies zerrte plötzlich auf das unangenehmste an den ohnehin schon reizbaren Nerven des jungen Mannes. [...] Die Nähe des Heumarktes, die übergroße Zahl gewisser Häuser und ganz besonders die Arbeiter- und Handwerkerbevölkerung, die sich in diesen inneren Straßen und Gassen von Petersburg zusammendrängt, brachten mitunter in das Gesamtbild einen so starken Prozentsatz derartiger Gestalten hinein, daß es sonderbar gewesen wäre, wenn man sich bei der Begegnung mit einer einzelnen solchen Figur hätte wundern wollen.«[141]

Bleiben wir auf den Spuren Raskolnikows. Er ist ein junger Mann, der sein Hochschulstudium abbrach, seine Stellung als Lehrer aufgab und sich jetzt, seit über einem Monat, ausschließlich mit der Frage beschäftigt: »Bin ich etwa imstande ›das Bewußte‹ auszuführen? Ist es mir etwa Ernst damit? [...] o Gott, wie scheußlich das alles ist! Werde ich denn ... werde ich denn wirklich ... nein, das ist ja ein Unsinn, eine Absurdität! [...] Wie konnte mir so etwas Gräßliches überhaupt nur in den Sinn kommen? Welcher schmutzigen Gedanken ist mein Herz doch fähig! Denn das ist Faktum: es ist eine schmutzige, abscheuliche, ekelhafte, ekelhafte Sache [...].«[142]

Was ihn beschäftigt, ist die Frage, ob er es wagt, eine geschäftstüchtige und tyrannische Pfandleiherin zu ermorden. Er meint, einen Wink des Schicksals bekommen zu haben und ihm folgen zu müssen: »Er kam nach Hause wie ein zum Tode Verurteilter. Er überlegte nichts und war auch völlig außerstande, etwas zu überlegen; aber in seinem ganzen innersten Wesen fühlte er plötzlich, daß er weder mehr die Freiheit der Überlegung noch irgendwelchen Willen besitze und daß auf einmal alles endgültig entschieden sei.«[143]

Bevor Raskolnikow seine Tat ausführte, erkundete er den Weg, der zur Pfandleiherin führte: »Er hatte nicht weit zu gehen; er wußte sogar, wieviel Schritte es von seiner Haustür waren: genau siebenhundertunddreißig. Er hatte sie einmal gezählt, als er sich sein Vorhaben schon lebhaft ausmalte. Damals freilich glaubte er selbst noch nicht an diese seine Phantasiegemälde und kitzelte nur sich selbst mit ihrer grauenhaften, aber verführerischen Verwegenheit. Jetzt, einen Monat später, hatte er bereits angefangen, die Sache von einem andern Gesichtspunkt aus zu betrachten, und trotz aller höhnischen Monologe über seine eigene Schwächlichkeit und Unschlüssigkeit hatte er sich unwillkürlich daran gewöhnt, das ›grauenhafte‹ Phantasiegemälde bereits als ein beabsichtigtes Unternehmen zu betrachten, wie wohl er an seinen Entschluß noch immer selbst nicht recht glaubte. Sein jetziger Ausgang hatte sogar den Zweck, eine Probe für sein Vorhaben zu unternehmen [...] das Herz stand ihm fast still, und ein nervöses Zittern überkam ihn, als er sich einem kolossalen Gebäude näherte, das mit der einen Seite nach dem Kanal[144], mit der anderen nach der ... straße[145] zu lag. Dieses Haus enthielt lauter kleine Wohnungen, in denen allerlei geringes Volk hauste: Schneider, Schlosser, Köchinnen, Deutsche verschiedenen Berufes, Mädchen, die von ihrem Körper lebten, kleine Beamte usw. Durch die beiden Haustore[146] und auf den beiden Höfen des Hauses war ein fortwährendes Kommen und Gehen. Hier waren drei oder vier Hausknechte zur Aufsicht vorhanden. Der junge Mann war sehr damit zufrieden, daß er keinem von ihnen begegnete, und schlüpfte gleich vom Tor aus unbemerkt rechts eine Treppe hinauf. Die Treppe war dunkel und eng, eine Hintertreppe;«[147]

Als Raskolnikow die »Probe« macht, nimmt er den kürzesten Weg: Die Stoljarnyj-Gasse in Richtung Katharinen-Kanal, dann überquert er die Kokuschkin-Brücke, biegt nach rechts ab und läuft entlang des Kanals, bis er sich kurz vor der Schleife des Kanals nach links, in die Srednaja podjatscheskaja ulica begibt und diese Straße bis zu ihrem anderen Ende, wo sie ebenfalls an den Katharinen-Kanal stößt, durchläuft. Hier an der Ecke der Kanaluferstraße und der Srednaja podjatscheskaja ulica Nr. 15 steht das Haus von Aljona Iwanowna, der Pfandleiherin. An diesem Tag betritt Raskolnikow den Hof des Eckhauses durch die Toreinfahrt der Srednaja podjatscheskaja ulica. Später, am Tag des Mordes, machte Raskolnikow einen Umweg: »Er mußte sich beeilen, da er auch noch einen Umweg zu machen hatte; denn er wollte sich dem Haus von der andern Seite her nähern. [...] Als er am Jusupow-Garten vorbeikam, begann er

mit großem Interesse einen Plan zur Anlegung hoher Springbrunnen zu entwerfen [...]. Dann interessierte ihn auf einmal eine andre Frage: warum eigentlich in allen großen
Städten die Menschen (von Gründen äußerer Notwendigkeit ganz abgesehen) eine ganz besondere Neigung dazu
haben, gerade in solchen Stadtteilen sich niederzulassen und
zu wohnen, wo keine Gärten und Springbrunnen, sondern
Schmutz, übler Geruch und allerlei andre häßliche Dinge zu
finden sind. Dabei kamen ihm seine eigenen Spaziergänge
auf dem Heumarkt in den Sinn [...].«[148] Dieser Weg ist also
etwas länger. Er führt zuerst ebenfalls über die Kokuschkin-
Brücke, dann aber geht Raskolnikow zuerst weiter gerade
aus, bis er zur Sadowaja-Straße gelangt, in die er rechts ein-
biegt. Hier geht er am Jussupow-Garten vorbei, um dann
gleich hinter dem Garten rechts in den Prospekt Rimskowo-
Korssakowa abzubiegen. Dieser Straße folgt er, bis er zum
Katharinen-Kanal gelangt, wo er wieder nach rechts abbiegt
und den Hof des Eckhauses von Aljona Iwanowna durch die
Toreinfahrt der Kanaluferstraße betritt.

Gehen wir gemeinsam mit Raskolnikow noch einmal
zum Heuplatz: »Nach alter Gewohnheit lenkte er seine
Schritte geradewegs nach dem Heumarkt, dem üblichen
Ziel seiner früheren Spaziergänge.«[149]

Er nimmt die Stoljarnyj-Gasse bis zum Katharinen-Kanal, wo er auf der Kokuschkin-Brücke den Kanal überquert,
um dann nach links und durch die Sadowaja-Straße zum
Heumarkt zu gelangen. »Raskolnikow ging über den Platz
hinüber. [...] Als er den Platz verlassen hatte, geriet er in
eine Seitengasse. Er war auch früher schon häufig durch
diese nur kurze Gasse gekommen, die ein Knie bildet und
vom Heumarkt nach der Sadowaja-Straße führt. In der
letzten Zeit hatte es für ihn sogar einen besonderen Reiz ge-

habt, sich in dieser ganzen Gegend herumzutreiben, wenn ihn das Dasein anekelte: ›Damit der Ekel noch schlimmer würde.‹ Jetzt aber war er ohne jede Absicht hierhergekommen. Da war ein großes Haus, voll von allerlei Speisewirtschaften und Kneipen; aus diesen kamen alle Augenblicke Frauenzimmer herausgelaufen, so gekleidet, wie es auf der Straße nur bei Besuchen in der nächsten Nachbarschaft üblich ist: mit bloßem Kopf und ohne Umhang. An einigen Stellen bildeten sie auf dem Trottoir dichte Gruppen, namentlich an den Eingängen zum Souterrain; auf zwei Stufen stieg man dort zu verschiedenen, sehr vergnüglichen Etablissements hinunter. In einem derselben wurde gerade ein Heidenlärm vollführt, der über die ganze Straße herübertönte: es wurde auf einer Gitarre geklimpert, Lieder wurden gesungen, es ging sehr lustig her. Ein großer Haufen von Frauenzimmern drängte sich vor dem Eingangstor; einige saßen auf den Stufen, andre auf dem Trottoir, wieder andre standen und unterhielten sich. Daneben auf dem Straßendamm taumelte laut schimpfend ein betrunkener Soldat mit einer Zigarette umher; er wollte anscheinend irgendwo hineingehen, hatte aber wohl vergessen, wo. Zwei zerlumpte Kerle beschimpften sich untereinander und ein sinnlos Betrunkener lag mitten auf der Straße. Raskolnikow blieb bei dem großen Weiberhaufen stehen. Diese Frauenzimmer sprachen mit heiseren Stimmen; sie trugen sämtlich Kattunkleider und ziegenlederne Schuhe und waren mit bloßem Kopf. Einige waren über vierzig Jahre alt; aber es gab darunter auch solche, die nur siebzehn sein mochten. Fast alle hatten blaue Flecke von Schlägen im Gesicht.«[150]

Dostojewski hat mit seinen bis ins Detail genauen Beschreibungen in diesem Roman eine Topographie Petersburgs erstellt.

Bevor wir den Gribojedow-Kanal (Katharinen-Kanal) verlassen, wollen wir es nicht versäumen, noch eine wunderschöne kleine Fußgängerbrücke zu besichtigen, die sich in der Nähe des Hauses der alten Pfandleiherin über den Kanal spannt. Es ist die sogenannte Löwen-Brücke, von Georg Tretter in den zwanziger Jahren des 19. Jahrhunderts errichtet. Ähnlich wie bei seiner Bank-Brücke werden Geländer und Steg von Eisenstangen getragen, die von Löwenmäulern gehalten werden.

Unser nächstes Ziel ist das Marien-Theater. Wir können den direkten Weg über die Löwen-Brücke einschlagen, laufen geradeaus bis zur nächsten Querstraße und biegen nach links ab. Nach ungefähr dreihundert Metern ist auf der linken Seite ein grünblaues Gebäude mit weißen Säulen und Pilastern zu sehen – das Marien-Theater. Scheut man einen kleinen Umweg nicht, kann man weiterhin dem Kanal bis zum Rimski-Korsakow Prospekt folgen, dann nach rechts abbiegen und steht schließlich nach nicht ganz hundert Metern vor der barocken blauweißen Nikolaus-Kathedrale von Tschewakiinskij. Von hier aus führt dann die erste Straße rechts, die Glinka-Straße, bis zum Marien-Theater.

Marien-Theater und Konservatorium

Das heutige Gebäude des Opernhauses, das den Vornamen der ersten Gattin Alexanders II. trägt, entstand im Jahre 1860 unter der Leitung des Architekten Albert Cavos. Es war kein Zufall, daß gerade unter Alexander ein neues Opern- und Balletthaus errichtet und zwei Jahre später das erste Konservatorium Rußlands eröffnet wurde. Alexander unterstützte nämlich im Gegensatz zu seinem Vater Nikolaus das musikalische Leben Petersburgs und die Entwicklung der russischen klassischen Musik. In jenen Jahren wurde auch die *Russische Musikgesellschaft* ins Leben gerufen, und die Liebhaber klassischer Musik gründeten private Salons und Zirkel. Junge russische Komponisten setzten sich zum Ziel, das Werk Michail Glinkas, des Begründers der russischen Nationalmusik, fortzuführen und organisierten sich deshalb in der Vereinigung *Mächtiges Häuflein*. Zum *Mächtigen Häuflein* gehörten unter anderem Modest Mussorgski, Nikolaj Rimski-Korsakow und Alexander Borodin. Auch Peter Iljitsch Tschaikowsky, der in Westeuropa bekannteste russische Komponist, hielt sich in Petersburg auf. Allerdings wollte er dort Jura studieren. Am musikalischen Leben nahm er noch nicht teil, es sei denn als Zuhörer. Das änderte sich, nachdem er sein Studium beendet und zwei Jahre im Justizministerium gearbeitet hatte. 1862 gab Tschaikowsky seine Stelle im Ministerium auf und begann seine musikalische Ausbildung am Petersburger Konservatorium, das im selben Jahr von Anton Rubinstein gegründet worden war. Nach drei Jahren schloß er sein Studium ab und bekam die Stelle eines Theorielehrers am gerade gegründeten Moskauer Konservatorium. Damit ging seine Zeit in Petersburg zu Ende. Die folgenden Jahren lebte er größtenteils in Moskau. Die Sommermonate verbrachte er – wie es Brauch war – auf dem Land. Auch wenn es ihn immer wieder ins Ausland zog, plagte ihn dort schon bald eine große Sehnsucht nach seinem geliebten Rußland: »Inmitten der großartigen Natur und der Eindrücke eines Touristen sehne ich mich doch sehr nach Rußland zurück. Bei dem Gedanken an die weiten Ebenen, Wiesen und Wälder der Heimat will mir das Herz schier zerspringen. Oh, mein geliebtes Vaterland, hundertfältig schöner und anmutiger bist du als diese wundervollen Bergungetüme, die doch eigentlich nichts anderes sind als versteinerte Zuckungen der Erde!«[151] Das schrieb Tschaikowskyj während seines Aufenthaltes in Norditalien im Sommer 1873 in sein Tagebuch. Nach Petersburg kam er nur noch, um dort an Aufführungen seiner Werke teilzunehmen. Als seine Oper *Eugen Onegin*, für die Puschkins gleichnamiger Roman die literarische Vorlage lieferte, im Marien-Theater gespielt wurde, machte Tschaikowsky Bekanntschaft mit Alexander III.: »Der Zar wünschte mich zu sehen, unterhielt sich sehr lange und überaus freundlich mit mir, fragte mich mit großer Teilnahme über alle Einzelheiten meines Lebens und musikalischen Schaffens aus und führte mich dann zur Zarin, welche mir nun ihrerseits sehr rührende Aufmerksamkeit erwies …«[152] Sein letzter, nur kurzer Aufenthalt in Petersburg war schicksalhaft. Er kam, um am 28. Oktober 1893[153] die Uraufführung seiner Sechsten Symphonie zu leiten. Ihr Titel »Pathétique« geht auf einen Vorschlag seines Bruders Modest zurück. Den ersten Satz dieses letzten und berühmtesten Werkes von Tschaikowsky interpretierte Richard H. Stein, der erste Biograph, der sich gründlich mit Tschaikowskys Leben und Werk beschäftigt hatte, als »nicht ein Ringen mit der Gottheit, sondern nur ein Ringen mit dem eigenen Ich. Und zugleich eine Art Rechtfertigung: Peter Iljitsch will nicht mehr leben, weil er einfach nicht mehr leben kann. Das zeigen die erschütternden Aufschreie im zweiten Durchführungsteil.«[154] Die Biographen, vor allem die der jüngsten Zeit, halten es nicht für ausgeschlossen, daß Tschaikowsky in einer Art russischem Roulette sein Leben willentlich aufs Spiel setzte. Während in Petersburg die Cholera grassierte, trank er – entgegen allen Warnungen seines Bruders und seines Neffen – nicht abgekochtes Wasser. Er erkrankte an der

Seuche und starb nach wenigen Tagen am 6. November 1893[155] in der Wohnung seines Bruders in der Malaja Morskaja Straße 13.

Unser Spaziergang endet am Marien-Theater. Es wäre sinnvoll, den nächsten Rundgang gleich hier anzuschließen. Geht man die Glinka-Straße bis zur Mojka, und biegt vor der Brücke rechts ab, steht man nach ungefähr sechzig Metern vor sechs dorischen Säulen und der wunderschönen, aus Holz geschnitzten Eingangstür des Jussupow-Palais.

V. DAS ENDE DER MONARCHIE

Nikolaus II.: »der Blutige«

»Ich bin der festen Überzeugung, daß Rußlands Schicksal, ebenso wie auch mein Schicksal und das Schicksal meiner Familie in Gottes Händen ruht – desjenigen Gottes, der mir meinen Platz auf dem russischen Thron zugedacht hat. Was auch immer geschehe, ich füge mich seinem Willen und weiß, daß ich nie etwas anderes im Sinne hatte, als dem Land zu dienen, das Er mir anvertraut hatte.«[156] Nikolaus II. bestieg 1894 den Thron im festen Glauben an die autokratischen Prinzipien, die er von seinem Vater übernommen hatte. Als schwacher Herrscher, der sich leicht von anderen beeinflussen ließ, verhinderten auch seine guten Absichten nicht, daß das Land blutigen Zeiten und einem schweren Schicksal entgegenging.

Gleich zu Beginn seiner Regierungszeit kam es im Mai 1896 anläßlich der Krönungsfeierlichkeiten in Moskau zu einem furchtbaren Vorfall. Traditionsgemäß wurde am Tag nach der Krönung auch für das Volk ein Fest gegeben. Dieses Mal kamen an die fünfhunderttausend Menschen zusammen. In der gewaltigen Menge entstanden Gerüchte, daß die Geschenke, die man bei solchen Gelegenheiten an das Volk verteilte und das Bier, das ausgeschenkt werden sollte, nicht ausreichen würden. Es kam zu Panik und großem Gedränge. Ein Bretterboden, der über die Festwiese gelegt worden war, weil sie auch dem Militär als Übungsgelände diente und von Gräben durchzogen war, brach unter dem Gewicht der Masse ein. Einige Hundert wurden zu Tode getrampelt, Tausende verletzt. Nikolaus und seine Gattin erfuhren von dem schrecklichen Unglück und wollten alle weiteren Feiern absagen, auch den Ball des französischen Gesandten, für den eigens Gobelins und Silbergeschirr aus Paris und Versailles und einhunderttausend Rosen aus Südfrankreich herbeigeschafft worden waren. Doch sie folgten den Empfehlungen ihrer Berater, die angeblich aus politischen Gründen gegen eine Absage waren, und die Feierlichkeiten wurden fortgesetzt. Das Volk sah im Verhalten des kaiserlichen Ehepaares eine skandalöse Gleichgültigkeit, und das Unglück erschien als böses Omen.

Wenige Jahre später, im Januar 1905, ereignete sich ein weiterer schrecklicher Vorfall in St. Petersburg. Bereits in den ersten Januartagen gab es Streiks in einem der größten Industriebetriebe Petersburgs, dem Putilow-Werk. Den Streiks folgte eine Demonstration, die für einen Sonntag, den 9. Januar, angekündigt war. Die zuständigen Behörden und auch der Kaiser wurden über diese Aktion informiert. In seinem Tagebuch notierte Nikolaus: »Aus dem Umkreis wurden zur Unterstützung der Garnison zusätzliche Streitkräfte angefordert. Die Arbeiter verhielten sich bislang friedlich [...] Mirskij [der Innenminister] kam am Abend [Sonnabend] mit dem Bericht über die Maßnahmen, die ergriffen wurden.«[157] Das Ziel der Demonstration war, den Kaiser darüber zu unterrichten, daß die Lebensumstände der einfachen Menschen unerträglich geworden waren: Die Arbeitsbedingungen in den Fabriken waren menschenunwürdig, breite Schichten der Bevölkerung plagte immer öfter der Hunger, und Bauern bekamen nur ungenügend Land zur Bewirtschaftung. Zusätzlich sollte dem Kaiser eine Petition mit konkreten Forderungen überreicht werden: Ein Mitbestimmungsrecht der Arbeiter in den Fabriken, Land für die Bauern und eine verfassungsgebende Versammlung.

*Die Newa mit Alter Eremitage, Kleiner Eremitage
und dem Winterpalast*

Am festgelegten Tag ziehen Arbeiter, Bauern und Frauen mit Kindern – an die hunderttausend Demonstranten sollen es gewesen sein – mit Heiligenbildern durch die Innenstadt in Richtung Winterpalast. Sie wissen nicht, daß Nikolaus ihre Petition nicht empfangen kann, weil er sich zu jenem Zeitpunkt in der Residenz von Zarskoe Selo befindet. Als dann die Menschenmasse zum Schloßplatz kommt und sich immer mehr dem Winterpalast nähert, sind die diensthabenden Offiziere mit dieser bedrohlich erscheinenden Situation überfordert, geraten in Panik und lassen auf die friedliche Menschenmenge Feuer eröffnen. Im Schnee auf dem Schloßplatz bleiben Hunderte von Toten und Verletzten liegen und die ganze Schuld für dieses Massaker wird Nikolaus gegeben. Der englische Parlamentarier James Ramsay Macdonald nennt Nikolaus »den Blutigen«[158] und der Tag selbst geht in die Geschichte als »Blutiger Sonntag« ein. Für den Dichter Ossip Mandelstam war es eine Zeit »kurz vor dem Ende, als die Temperatur der Epoche auf siebenunddreißigdrei emporschnellte und das Leben vorbeiraste wie nach einem falschen Alarm«.[159] Aber, so Mandelstam weiter, »Ein beliebiges Kindermützchen, ein Fausthandschuh oder ein Kopftuch, das an diesem Tag kläglich auf dem Petersburger Schnee lag, blieb zurück als Mahnmal, daß der Zar sterben müsse, daß der Zar sterben würde.

Vielleicht hat es in den Annalen der russischen Revolution keinen anderen so reich mit Inhalt gesättigten Tag gegeben wie diesen 9. Januar. Das Bewußtsein der Bedeutsamkeit dieses Tages bekam in den Köpfen der Zeitgenossen mehr Gewicht als dessen konkreter Sinn, und es lastete auf ihnen als etwas Bedrohliches, Schweres, Unerklärliches.

Die Lehre aus dem 9. Januar – die unumgängliche Zarentötung – ist die eigentliche Lektion der Tragödien: Unmöglich zu leben, wenn der Zar nicht getötet wird […] Der 9. Januar ist eine Petersburger Tragödie, sie konnte nur in Petersburg sich abspielen – sein Grundriß, die Anordnung seiner Straßen, der Geist seiner Architektur hinterließen eine unverwischbare Spur im Wesen des historischen Ereignisses. Der 9. Januar hätte nicht in Moskau sich ereignen können. Die Zentripetalkraft dieses Tages, die folgerichtige Bewegung von der Peripherie zum Zentrum sozusagen, die ganze Dynamik des 9. Januar ist bedingt durch den architektonisch-historischen Sinn Petersburgs.

Die architektonische Idee Petersburgs führt einen unweigerlich zur Vorstellung mächtiger, zentraler Einheit. Mit all seinen abbröckelnden, gelben und grüngrauen Straßen fließt Petersburg ganz natürlich ins mächtige granitene Wasserbecken des Platzes vor dem Winterpalast, zum roten Hufeisen der Gebäude, zum zweigeteilten, bronzebeschlagenen Bogen mit dem sich aufbäumenden, kämpfenden Viergespann.[160] […]

Doch es gelang nicht, der Zar stürzte in sich zusammen, der Palast wurde zum Sarg und zum Ödland, der Platz davor – zur klaffenden Einsturzstelle, und die harmonischste Stadt der Welt – eine sinnlose Anhäufung von Gebäuden. […]

Düster stand das enthauptete Petersburg, rauchten die Feuerstellen auf den Straßen, froren an den Ecken die Zuspätgekommenen, unnützen Patrouillen, doch eine Stadt ohne Seele ist undenkbar – und Petersburgs freigewordene neue Seele irrte bereits als zarte, verwaiste Psyche auf dem Schnee. Der erste Marsch der Arbeiter von den Ziegelstein- und Holztoren zum granitenen Kelch der Newa, zu dem wie eine Monstranz geschlossenen, architektonischen Zusammenschluß mit der Arche der Admiralität und dem Sarkophag der Isaakskathedrale – dieser Marsch war nicht geglückt.«[161]

Es war natürlich nicht nur Nikolaus' Schuld, daß die Lage eskaliert ist. Aber hätte er die Situation richtig eingeschätzt und das getan, was von ihm allgemein erwartet wurde, wäre es zu dem Blutvergießen möglicherweise nicht gekommen. Es hätte genügt, wenn er von Zarskoe Selo in das Winterpalais zurückgekehrt wäre, die Petition entgegengenommen und zu den Demonstranten gesprochen hätte. Sein abwartendes Nichtstun hat die Lage nur verschärft und den Niedergang der Monarchie beschleunigt. Auf die Januarereignisse, die später als die »Erste Revolution« bezeichnet wurden, folgten Streiks und weitere Demonstrationen, die auch auf andere russische Städte übergriffen. Dazu der Dichter Andrej Belyj: »Es häuften sich Streits auf den Straßen. Neblige, seltsame Tage waren: durch Rußlands Norden lief frostigen Schritts ein giftiger Oktober; im Süden aber verteilte er faulige Nebel. Ein giftiger Oktober blies herunter das goldene Waldgeflüster, und fügsam legte sich auf die Erde das goldene Waldgeflüster, – und fügsam legte sich auf die Erde der raschelnde Espenpurpur, um zu kreiseln und treiben zu Füßen des passierenden Fußgängers und tuscheln und aus Laub zu flechten gelbrote Muster von Wörtern. Das süße Meisenfiepen, das im September sich badet in einer Welle aus Laub, badete in einer Welle aus Laub schon längst nicht mehr: und die Meise selbst hüpfte jetzt traurig im schwarzen Netz aus Ästen, das wie das Zischeln des zahnlosen Greises den ganzen Herbst hindurch seinen Pfiff schickt aus den Wäldern, den nackten Gehölzen, Vorgärten und Parks. [...] ein eisiger Sturmwind nahte schon in Flocken von Wolken, zinnfarben und blau; doch alle glaubten an den Frühling: vom Frühling schrieben die Zeitungen, vom

Frühling redeten die Beamten der vierten Klasse; auf den Frühling verwies ein damals populärer Minister; [...] unter den Hütten scharten die Landleute sich zu kümmerlichen Häuflein zwecks vereinter Besprechung der Zeitungsnachrichten; sie kommentierten und disputierten, um als einiger Haufen dann plötzlich zu stürmen zum säulengeschmückten Herrenhaus, das sich spiegelt in Wolga-, in Kama- oder selbst Dneprfluten; all die langen Nächte leuchteten über Rußland die blutigen Röten der Dorfbrände und wurden bei Tag zur Schwärze von Rauchsäulen. [...]

So war es in den Dörfern. Doch so war es auch in den Städten. In den Werkstätten, Druckereien, Friseursalons, Milchläden, Wirtshäusern, tummelte sich beständig ein redseliges Subjekt; tief in die Stirn gedrückt die schwarze Fellmütze, offenbar hergeschafft von den Feldern der blutgeröteten Mandschurei, und in die Seitentasche geschoben den irgendwo aufgetriebenen Browning, drückte ein redseliges Subjekt vielfach dem ersten besten ein schlecht gedrucktes Flugblatt in die Hand.

Alle warteten, fürchteten, hofften auf etwas; beim kleinsten Geräusch strömten sie schnell auf die Straße, zur Menge sich scharend und wieder zerstreuend; in Archangelsk taten das Lappen, Karelen und Finnen; in Nishnekolymsk die Tungusen; am Dnepr – Juden wie Kleinrussen. In Moskau, in Petersburg taten es alle so: man tat es in mittleren, höheren, unteren Lehranstalten: man wartete, fürchtete, hoffte.

Um Petersburg schlingt sich ein Ring vielschlotiger Fabriken.

Ein vieltausendköpfiger Menschenschwarm schleppt sich morgens dorthin; und es wimmelt die Vorstadt; und sie schwärmt von Volk. Alle Fabriken erhoben sich damals furchtbar, und die Arbeiter, die Vertreter der Massen, wandelten sich alle bis auf den letzten zu redseligen Subjekten; […]

Jener Aufruhr, der Petersburg wie ein Ring umschloß, drang irgendwann auch in Petersburgs Zentren, ergriff erst die Inseln, schwang sich über die Litenjnyj- und Nikolaj-Brücke; und von dort ergoß er sich auf den Newskij-Prospekt: und obwohl auf dem Newskij-Prospekt noch dieselbe Zirkulation des menschlichen Tausendfüßlers herrschte, hatten die Glieder des Tausendfüßlers doch verblüffend gewechselt: der geübte Blick des Beobachters bemerkte schon längst das Auftauchen der schwarzen Feldmütze, in die Stirn gedrückt und hergeschafft von den Feldern der blutgeröteten Mandschurei: […]

So waren die Tage. Die Nächte aber – bist du hinausgegangen in den Nächten, bist du vorgedrungen in die öden Brachen vor der Stadt, um zu hören die zudringliche böse Note auf ’u’? Uuuu-uuuu-uuuu: so tönte es im Raum; der Ton – war das ein Ton? Und wenn das ein Ton war, war er, zweifellos, der Ton einer anderen Welt; dieser Ton erreichte ungeheuere Stärke und Klarheit: ’uuuu-uuuuu-uuu’ tönte es leise auf den Feldern vor Petersburg, Moskau, Saratow: doch die Fabriksirene heulte nicht, kein Wind blies; und stumm blieb der Hund.

Hast auch du dieses Lied gehört, das Oktoberlied von neunzehnhundertundfünf?«[162] In dieser angespannten Zeit blieb Nikolaus nicht mehr viel Spielraum – im Februar wurde die Schaffung eines Parlaments beschlossen, im April eine Verfassung proklamiert. Allerdings waren die Befugnisse des erstmals im Frühjahr 1906 zusammengetretenen Parlaments gering und die Verfassung schränkte die Macht des Kaisers kaum ein.

Für die Kaiserliche Familie und für Rußland war das Jahr

1905 in vielerlei Hinsicht ein schicksalhaftes Jahr. Im selben Jahr ereignete sich auch eine folgenschwere Begegnung, deren Tragweite damals allerdings noch niemand ahnen konnte: Nikolaus und seiner Gattin Alexandra wurde ein gewisser Grigorij Rasputin vorgestellt.

Rasputin: wie die Legende entstand

Rasputin entstammte einer Bauernfamilie, die in der Nähe der sibirischen Stadt Tobolsk beheimatet war. Schon in der frühen Kindheit hatte er eine Vision. Während einer schweren Lungenentzündung erschien ihm – wie er es später seinen Eltern und dem Dorfpfarrer erzählte – eine Frau in weißblauem Gewand und befahl ihm, gesund zu werden. Der Pfarrer interpretierte diese Vision als die Erscheinung der Heiligen Jungfrau.

Obwohl sich Rasputin bald als von Gott auserwählt verstand, entschied er sich nicht für das Mönchsleben, sondern heiratete und lebte mit seiner Frau und drei Kindern in seinem Heimatdorf Pokrowskoje. Während dieser Zeit verließ er jedoch immer wieder seine Familie und pilgerte zu berühmten Klöstern und bekannten Einsiedlern und kam auch mit Schamanen der Burjaten, Jakuten und Kirgisen in Berührung.

War er ein religiöser Fanatiker oder ein sibirischer Schamane, der mit Hilfe von Hypnose- und Ekstasetechniken »Wunder« bewirkte, oder war er nur ein Mann, der bestimmte heilkundliche Kenntnisse mit suggestiver Kraft und sinnlicher Ausstrahlung zu verbinden wußte?

Wie auch immer, Rasputin zog als wundertätiger Wanderprediger durch das Land. Er schloß sich einer religiösen

Sekte an, den Chlysti, die daran glaubten, daß der Mensch zuerst sündigen müsse, um später von diesen Sünden erlöst werden zu können. Mit den von ihnen übernommenen ausgefallenen, vorwiegend sexuellen Gebräuchen und Riten erregte Rasputin großes Aufsehen. Überall, wo er hinkam, machte er auf sich aufmerksam. Vor allem die Frauen – die einfachen ebenso wie die aus aristokratischen Kreisen – erlagen seiner Anziehungskraft. Vielleicht, weil er ihnen unter dem Deckmantel mystisch-religiöser Rituale aufregende Erlebnisse verschaffte.

Nach Petersburg kam Rasputin im Jahre 1903. Dort suchte er die Geistliche Akademie im Alexander Newskij-Kloster auf – einem der wichtigsten Klöster Rußlands – und traf Vater Johannes von Kronstadt. Vater Johannes wurde in jener Zeit im ganzen Land wie ein Heiliger verehrt. Deshalb deutete es Rasputin als ein weiteres Zeichen seines Auserwähltseins, als Vater Johannes ihn während eines Gottesdienstes mit den Worten ehrte: »Du trägst den Funken der wahren Religion in dir.«[163] Im Laufe der nächsten zwei Jahre machte Rasputin einen unglaublichen Aufstieg in der Petersburger Gesellschaft – trotz oder wegen seines ungehobelten »volksnahen« Benehmens, seiner urwüchsig-sinnlichen Ausstrahlung und seines mystisch-religiösen Glaubens. Sein außergewöhnliches Charisma hatte ihm Zutritt zu den höchsten Kreisen Petersburgs verschafft. Und so kam es, daß das Zarenpaar Ende 1905 Rasputin auf einer Gesellschaft der Großfürstin Miliza in deren Residenz Znamenka kennenlernte. Er soll sich ihnen gegenüber völlig ungezwungen verhalten und sie sofort mit »batjuschka« – Väterchen und »matuschka« – Mütterchen angeredet haben. Nikolaus notierte am Abend jenes Tages in seinem Tagebuch: »Lernte einen Mann Gottes kennen, Grigorij, aus dem Gouvernement Tobolsk.«[164] Es sollte aber noch fast zwei Jahre dauern, bis Rasputin zum einflußreichsten Vertrauten des Herrscherpaares wurde.

Rasputins Einflußnahme begann, als es ihm gelang, die Leiden des Thronfolgers Alexej zu lindern. Alexijs Mutter, Zarin Alexandra, war eine Enkelin Königin Victorias von England und hatte von der Großmutter die Bluterkrankheit geerbt. Da Frauen selbst nicht daran erkranken, die Krankheit aber übertragen, konnte Alexandra vier gesunde Töchter gebären, ihr einziger Sohn und Thronfolger Alexej aber hatte unter der Bluterkrankheit zu leiden. In der damals ohnehin schon angespannten politischen Situation wollte man alles vermeiden, was zu einer weiteren Destabilisierung der Monarchie hätte beitragen können, und hielt die Krankheit geheim. Die Ärzte waren machtlos, wenn sich Alexej verletzt hatte. Die Schmerzen des Jungen und die Ungewißheit, ob er überleben würde, waren besonders für seine Mutter eine immer wiederkehrende Qual. Sie fühlte sich schuldig, weil sie die Krankheit an ihren Sohn weitergegeben hatte, neigte zu Schwermut und suchte Halt in einer mystischen Religiosität. So sehr sie es auch versuchte, sie konnte aus dem Leben ihres Sohnes nicht jede Verletzungsgefahr ausschließen. 1907 verletzte sich der dreijährige Alexej beim Spielen im Garten der Sommerresidenz von Zarskoe Selo. Bald hatte er heftige Schmerzen im Bein, unter der Haut bildete sich ein Ödem. Die Ärzte konnten ihm nicht helfen, die Schmerzen nicht lindern. In ihrer Ratlosigkeit und Verzweiflung ließ die Zarin schließlich den bekannten Wunderheiler Grigorij Rasputin rufen. Rasputin kam, ging in Alexejs Zimmer, betete inbrünstig und versetzte sich in eine lange Meditation. Noch während Rasputins Anwesenheit wurde Alexej ruhiger. Am nächsten Tag waren die Schmerzen weg, und das Ödem hatte sich zurückgebildet. Die kaiserliche Familie, außer sich vor Freude, glaubte, ein Wunder sei geschehen. Was auch immer Alexejs Heilung bewirkt haben mag – Hypnose, Austreibung böser Geister oder purer Zufall –, Rasputin umgab nun die Aura eines »gottgesegneten Wundertäters«, und die Kaiserin schenkte ihm fortan blindes Vertrauen. Rasputin schien der einzige zu sein, der dem Thronfolger helfen konnte, und es sollte nicht das letzte Mal gewesen sein, daß er Alexejs Schmerzen linderte.

Rasputin hatte bald ungehinderten Zugang zur kaiserlichen Familie. Er kam fast jeden Abend und wurde wie ein Familienmitglied in den vertraulichen Umgang einbezogen. Seine Besuche ließen sich nicht völlig geheim halten, und Gerüchte kamen auf. Zunächst ließ sich die Zarenfamilie nicht beeindrucken. Schließlich häuften sich jedoch die Beschwerden über Rasputins ausschweifenden Lebenswandel, seine verdächtigen Riten und Praktiken. Kaum drei Jahre waren vergangen, seit Rasputin zum Vertrauten der Zarin geworden war, aber er hatte inzwischen mindestens ebenso viele Gegner wie Gönner und Anhänger. Die Kaiserin hielt zu ihm, trotz aller Gerüchte und Anklagen. Als sich Alexejs Kindermädchen bei der Zarin über Rasputin beschwerte, er hätte sie »beschmutzt«, wollte Alexandra es nicht glauben. Ohne der Sache nachzugehen, löste die Zarin das Problem dadurch, daß sie das Kindermädchen beurlaubte. Andere Untersuchungen aber konnte die Zarin nicht verhindern. Hochgestellte Kirchenmänner befaßten sich inzwischen mit dem »Fall« Rasputin. Im Dezember 1911 erging von Erzbischof Hermogen ein Bannfluch gegen Rasputin. Während das Herrscherpaar von all dem unbeeindruckt blieb und Rasputin weiter schützte, machte man Erzbischof Hermogen zum Sündenbock. Nikolaus erwirkte bei der höchsten kirchlichen Behörde, dem Heiligen Synod, daß man Hermogen in ein Kloster verbannte. Doch die Zeiten, in denen der Zar ungehindert seinen Willen durchsetzen konnte, hatten sich geändert, und die Presse griff die Affäre auf. Kritische Artikel über Rasputin, den Heiligen Synod und die Vorgehensweise des Kaisers erschienen in einigen Zeitungen. Nikolaus wehrte sich, indem er die entsprechenden Ausgaben beschlagnahmen ließ, konnte aber nicht verhindern, daß über die Affäre in den Salons des Adels weiter diskutiert wurde. Die überwiegende Mehrheit war sich darüber einig, daß Rußland inzwischen nicht mehr vom Zaren, sondern von diesem aus Sibirien dahergelaufenen Wunderheiler aus Sibirien regiert wurde. Man zeigte sich empört darüber, daß Rasputin überall verkündete, nicht nur die Zarin würde ihn brauchen, sondern auch Zar Nikolaus. Gerüchte über vertrauliche Briefe der Zarin an Rasputin und ihre vermeintliche Liebesbeziehung beschäftigten die Petersburger Gesellschaft. In einem Brief soll sie geschrieben haben, daß sie nur ruhig sein könne, wenn sie sich an Rasputins Schulter anlehnen dürfe. Die Petersburger Aristokratie war außer sich – der »Fall« Rasputin nahm gefährliche Ausmaße an. Die Kompromittierung der Zarenfamilie ließ das Ansehen der ohnehin bereits geschwächten Monarchie weiter sinken. Allmählich begriff Nikolaus, daß die kaiserliche Familie nicht weiter den gewohnten vertraulichen Umgang mit Rasputin pflegen konnte, und der Wunderheiler wurde aufgefordert, nach Sibirien zurückzukehren. Damit war der »Fall« aber noch lange nicht zu Ende. Bereits im selben Jahr zeigte sich, daß Alexandra wegen ihres kranken Sohnes auf Rasputin nicht verzichten wollte – ungeachtet der daraus resultierenden Folgen. Als die kaiserliche Familie im Herbst Ferien machte, verletzte sich der nun achtjährige Alexej bei einer Bootsfahrt. Ein Ödem bildete sich, ging aber überraschenderweise bald zurück. Zwei Wochen später jedoch erlitt Alexej einen Rückfall, bekam hohes Fieber und hatte starke Schmerzen. Die Ärzte waren ratlos, und nach über einer Woche bekam Alexej die Sterbesakramente. Seine Mutter war verzweifelt und wandte sich in ihrer Not wieder einmal an Rasputin. Sie beauftragte eine ihrer Hofdamen, den Wunderheiler telegrafisch um Hilfe zu bitten. Später beschrieb Rasputins älteste Tochter in einem Buch, was sich ereignete, nachdem sie ihrem Vater das Telegramm vorgelesen hatte: »Mein Täubchen, ich werde jetzt versuchen, den schwierigsten, geheimnisvollsten aller Riten durchzuführen«[165], soll er gesagt haben. Danach sei er in seinem Zimmer vor einer wundertätigen Ikone in eine Art ekstatischen Zustand gefallen und habe all seine Kräfte darauf konzentriert, die Krankheit aus dem Körper Alexejs, der hunderte von Kilometern entfernt war, zu vertreiben. Schließlich sei er schweißüberströmt, keuchend und mit zuckendem Körper zu Boden gefallen. Danach ging Rasputin zur Post und telegraphierte der Zarin, der Zustand von Alexej sei nicht so schlimm und sie solle sich nicht sorgen. Am nächsten Tag ging nicht nur das Fieber zurück, auch der Bluterguß war weg. Für die Ärzte war die plötzliche Genesung ein Zufall. Die Kaiserin aber führte die Genesung ihres Kindes auf Rasputins Heilkräfte zurück. Sie erklärte ihn zum Beschützer der kaiserlichen Familie und damit auch zum Beschützer Rußlands – damit blieb Rasputin zunächst unantastbar.

Petrograd und die letzten Tage der Monarchie

Seit den Ereignissen des »Blutigen Sonntags« im Jahre 1905 kam es immer wieder zu Unruhen, Streiks und Aufständen. Öffentliche Proteste der Revolutionsbewegung gehörten schon zum gewohnten Straßenbild. Wir begleiteten Ossip Mandelstam: »Die Tage der Studentenunruhen bei der Kasaner Kathedrale waren immer schon im voraus bekannt. In jeder Familie gab es einen Studenten, der die Sache ankündigte. So kam es, daß eine ganze Publikumsmasse zusammenströmte, um sich, natürlich aus respektvoller Entfernung, diese Unruhen anzusehen: Kinder mit ihren Kindermädchen, Mamas und Tantchen, die es nicht geschafft hatten, ihre Rebellen zu Hause zurückzuhalten, alte Beamte und allerlei Müßiggänger. Am Tag der angekündigten Unruhen wogte auf den Trottoirs des Newskij-Prospekts von der Sadowaja bis zur Anitschkow-Brücke eine dichte Zuschauermenge. Dieser laute Haufen hatte Angst, bis zur Kasaner Kathedrale vorzugehen. Die Polizei war in den Innenhöfen versteckt, etwa im Hof der katholischen Katharinenkirche. Der Kasanerplatz war verhältnismäßig leer, da gingen erst kleine Häufchen von Studenten und richtigen Arbeitern auf und ab – auf die letzteren wurde mit Fingern gezeigt. Plötzlich ertönte vom Kasanerplatz her ein langgezogenes, immer lauter anschwellendes Geheul, etwas in der Art eines anhaltenden ›u-u-u‹ oder ›i-i-i‹, das in ein drohendes Gebrüll überging und immer näher kam. Dann wichen die Zuschauer jäh zurück, und berittene Polizisten drängten die Menschen zusammen. ›Die Kosaken! – Die Kosaken!‹ fuhr es wie ein Blitz durch die Menge, schneller noch, als die Kosaken selber herangesaust kamen. Die eigentlichen ›Unruhestifter‹ wurden umzingelt und in die Michails-Manege abgeführt, und der Newskij lag auf einmal so verlassen da, als hätte ihn ein Besen leergefegt.«[166]

Die Zarenfamilie schien vor den unheilvollen Geschehnissen zu fliehen und verbrachte die meiste Zeit in der Sommerresidenz Zarskoe Selo. Im dortigen Alexander-Palast lebte sie zurückgezogen und mied öffentliche Auftritte, während in der Hauptstadt das Elend immer größer wurde: »Und die Hungrigen sind so hungrig, und so hat die Revolution trotz allem recht. Aber recht hat sie nicht ideologisch, sondern nur als Druck, als Wille, als Verzweiflung. ›Ich bin kein Heiliger und vielleicht schlimmer als du: aber ich bin ein hungriger, sprungbereiter Wolf, der Hunger hat mich mutig gemacht‹ [...]«[167], schreibt 1911 der russische Schriftsteller Wassilij Rosanow. Daß die Revolution dann vorerst doch nicht ausbrach, lag am Beginn des Ersten Weltkrieges. Er ließ das Volk kurzzeitig seine Not vergessen: »Das ganze Leben der Nation wurde in eine andere Ebene verlegt.«[168] sagte der Duma-Abgeordnete[169] Kerenskij zu der plötzlichen Stimmungsänderung. Nikolaus II. äußerte sich in seinem Tagebuch dagegen nur knapp und nüchtern über den so folgenreichen Tag der Kriegserklärung im Sommer 1914: »Ein guter Tag, insbesondere im Sinne einer Besserung der Stimmung [...] Um 2¼ Uhr begaben wir uns auf der ›Alexandria‹ nach Petersburg und auf einem Motorboot direkt zum Winterpalast. Ich unterschrieb das Manifest über die Kriegserklärung. Vom Malachitsaal begaben wir uns in Prozession zum Nikolaj-Saal, in dessen Mitte das Manifest verlesen und ein kurzes Gebet gesprochen wurde. Der ganze Saal sang ›Gott, errette‹ und ›Viele Jahre‹ [die Zarenhymne und ein patriotisches Lied].

Ich sagte einige Worte. Bei der Rückkehr warfen sich die Damen uns entgegen, um uns die Hand zu küssen, und erschreckten Alix [die Kaiserin] und mich. Wir gingen auf den Balkon und wurden von einer riesigen Menschenmenge begrüßt. Gegen 6 Uhr gingen wir an den Kai und bestiegen das Motorboot; eine große Menge Offiziere und Publikum begleitete uns. Um 7¼ kehrten wir nach Peterhof zurück. Der Abend verlief ruhig.«[170]

Da sich Rußland nun mit Deutschland und Österreich-Ungarn im Krieg befand, wollten die Petersburger auch keinen deutschklingenden Namen mehr für ihre Hauptstadt. Aus dem deutschen »burg« machte man das russische »grad« und aus Petersburg wurde Petrograd. Nur zehn Jahre später wurde sie erneut umbenannt, und aus dem revolutionären Petrograd wurde das kommunistische Leningrad.

Der anfängliche Patriotismus, der die Menschen zunächst von den wirtschaftlichen und gesellschaftlichen Problemen ablenkte, hielt nicht lange an. Verlustreiche Kriegsführung und Versorgungsengpässe zerstörten sowohl an der Front als auch im Hinterland alle Illusionen. Petrograd beherrschte wieder Hunger, Streiks waren an der Tagesordnung und der Kaiser schien nur noch eine Marionette Alexandras und Rasputins zu sein. Die Kaiserin mahnte nur drei Monate vor der Ausrufung der Republik ihren Gatten Nikolaus in einem Brief: »Er [Rasputin] beschwört Dich, fest zu bleiben, der Herr zu sein und nicht immer Trepow [Ministerpräsident] nachzugeben ... zermalme sie alle unter Dir, sei ein Löwe in der Schlacht gegen die kleine Handvoll Bestien und Republikaner ... Ein Narr, wer ein verantwortliches Kabinett verlangt [...] Ich leide um Dich wie um ein zartes, weichherziges Kind, das ... auf schlechte Ratgeber hört, während ein Mann Gottes [Rasputin] ihm sagt, was es tun soll ...« Sätze, die gut in das Bild passen, das man sich im

Newskij Prospekt mit der Spitze der Admiralität

Reich von der deutschstämmigen Zarin machte: Man miß-
traute ihr – und Rasputin, den man für den bösen Geist am
Zarenhof hielt, der alle zu beherrschen schien. Manche ver-
dächtigten Alexandra sogar des Verrats und machten sie für
militärische Niederlagen verantwortlich. Daß der Einfluß
der Zarin bzw. Rasputins auf Nikolaus den Niedergang der
Monarchie beschleunigte, äußerte kurz vor der Abdankung
des Kaisers auch der Oberkommandierende der Nordfront,
General Nikolaj Russkij, ganz unverblümt: »Wie oft habe
ich gesagt, man müßte sich mit der Duma [Parlament] ver-
ständigen und die Reformen bewilligen, die das Land so
nötig hat! Aber Rasputins Sprache wurde besser verstan-
den. Er war es, der Rußland regierte.«[171]

Im Februar 1917 häuften sich in der Hauptstadt Demonstrationen mit Anti-Kriegsparolen, Streiks blockierten die
Produktion und Lebensmittelgeschäfte wurden geplündert.
Garderegimente weigerten sich, in Petrograd wieder für
Ruhe und Ordnung zu sorgen, und stellten sich auf die Seite
des Volkes. Regiment um Regiment hatte sich den Aufständischen angeschlossen. Während sich die Situation immer
mehr zuspitzte, telegraphierte der Duma-Abgeordnete Michail Rodzjanko dem Kaiser an die Front: »In der Hauptstadt regiert die Anarchie. Die Regierung ist lahmgelegt.
Vollständige Unordnung im Transportwesen, bei der Ver-
pflegung und Heizmaterial … Es ist notwendig, einem
Mann, der das Vertrauen des Landes besitzt, die Aufgabe
anzuvertrauen, eine neue Regierung zu bilden … Jede Ver-
zögerung bedeutet den Untergang. Ich bete zu Gott, die
Verantwortung für diese Stunde möge den Herrscher nicht
treffen.«[172]

Am 2. März[173] 1917 sah sich Nikolaus II. gezwungen zu-
rückzutreten. Er verzichtete auf den Thron zugunsten seines

Bruders Michail, der gleich am nächsten Tag ebenfalls seinen Verzicht erklärt: Die Monarchie und die dreihundertjährige Romanow-Dynastie gingen zu Ende und Rußland wurde eine Republik.

Niedergang einer »aristokratischen« Stadt

Die Industrialisierung und Bevölkerungsexplosion, die zur Entstehung der Großstädte führte, brachte auch für Petersburg enorme Veränderungen und Probleme. Während in den sechziger Jahren 650000 Menschen in der Stadt lebten, waren es am Vorabend des Ersten Weltkrieges bereits über zwei Millionen. Kein Wunder also, daß es an Unterkünften, Krankenhäusern, Verkehrsmitteln und neuen Straßen fehlte.

Eine große Zahl von Fabrikarbeitern hauste in Baracken außerhalb der Stadtgrenze in der Nähe der Arbeitstätten, andere Arbeiter und Angestellte fanden Unterkünfte in den Mietshäusern der dicht bebauten neuen Stadtviertel. Auf der Stein-Insel und der Wassilij-Insel schossen Wohnblöcke wie Pilze aus dem Boden: »Auf der Wassilij-Insel, weit hinten auf der Siebzehnten Linie blickte aus dem Nebel ein riesiges und graues Haus; vom Hof ins Haus führte eine ziemlich schmutzige Hintertreppe: [...] Die Treppe war, selbstverständlich, die Hintertreppe, übersät mit Gurkenschalen und vielmals mit dem Fuß zertretenen Kohlblättern. [...] Nur hier noch, zwischen den Häuserkolossen, stehen Häuschen aus Peters Zeit; dort hinten ein Blockhaus; da ein grünes, hier ein blaues einstöckiges Häuschen mit grellrotem Ladenschild 'Gastwirtschaft'. Genau solche Häuschen standen überall hier in längst vergangenen Zeiten. Hier steigen uns noch direkt in die Nase die vielfältigsten Gerüche: es riecht nach Meersalz, Hering und Schiffstauen, nach Leder-jacke und Pfeiffe, und nach geteertem Segeltuch [...] die Menschen dort sind Fabrikvolk, ungeschliffen; ein vieltausendköpfiger Menschenschwarm schleppt sich dort früh zu den vielschlotigen Fabriken«.[174]

Auch der Abschnitt der Moskauer Seite zwischen dem Litejnyj Prospekt, dem Newskij und dem Newa-Knie im Nordosten wurde zugebaut. Konnte man sich in der Zeit Katharinas und ihres Enkels Alexander an unübersehbar langen Reihen von Palästen erfreuen, lief man nun an kilometerlangen, normierten, phantasielosen Häuserfluchten entlang: »Und genau dieselben Häuser ragten dort empor, und dieselben grauen Menschenströme zogen dort vorüber, und derselbe grüngelbe Nebel hing dort in der Luft. Konzentriert liefen dort Gesichter vorüber; die Trottoirs flüsterten und schlurften; wurden zerrieben von Galoschen; triumphierend segelte eine Bürgernase dahin. [...]

Doch parallel zum laufenden Prospekt lag ein laufender Prospekt mit ganz derselben Reihe von Kästen, von Numerierung, von Wolken; [...]

Es gibt die Unendlichkeit der in der Unendlichkeit laufenden Prospekte [...]. Ganz Petersburg ist die Unendlichkeit des in die n-te Dimension erhobenen Prospekts.

Hinter Petersburg jedoch ist nichts.«[175]

Eine Antwort auf diese Vereinheitlichung und Schematisierung, auf diese unmenschlich und unnatürlich erscheinenden Zustände war die Entstehung eines neuen Baustils – des Jugendstils oder »stil modern«, wie er in Rußland genannt wird. In einer Rückbesinnung auf die Natur sollten fließende Formen, Linien und Motive die Dynamik in die Architektur zurückholen. Der Petersburger Jugendstil fand jedoch eine eigene Sprache und unterscheidet sich ganz erheblich von dem des restlichen Rußland. Verwendete man in Moskau und in der Provinz verspielte, wuchernde vegetabile und geometrische Formen, fanden in Petersburg nur dezente und »asketische« Formen Anklang. Für diese Entwicklung ist vor allem der Einfluß aus den skandinavischen Ländern verantwortlich. Die Materialien dagegen waren überall gleich: Grob behauener Naturstein, Reliefstuck und flacher Stuck, Keramik in vielen Farbnuancen, Kupfer und Eisen.

Zeitgleich mit der Entstehung des Jugendstils setzten sich aus der Vielfalt der historischen Stile der Neoklassizismus und die Neorenaissance durch. Die Rückbesinnung auf historische Stile war in der Petersburger Architektur schon seit der zweiten Hälfte des 19. Jahrhunderts zu beobachten. Zum Ende des Jahrhunderts entstanden aber kaum noch mehr Bauten in Neogotik, Neobarock oder im Neorussischen Stil.

Hand in Hand mit der Bautätigkeit ging die Entwicklung des Verkehrswesens und die Modernisierung der Verkehrsmittel. Die Einführung von Pferdebahnen und Pferdeomnibussen in der zweiten Hälfte des 19. Jahrhunderts brachte allerdings nicht die erhoffte Entlastung, so daß es um die Jahrhundertwende trotzdem mehr als eine viertel Million Droschken gab, die die viel zu engen Straßen des Stadtzentrums verstopften. Die sechsundzwanzig Pferdebahnen, die es seit 1877 in Petersburg gab, fuhren in der Innenstadt ein Netz von insgesamt neunzig Kilometern Länge ab. Bis zu vierzig Passagiere konnten befördert werden, und weil die Bahnen so unbequem waren, hießen sie im Volksmund »Vierzig Märtyrer«. Elektrisch betriebene Straßenbahnen kamen erst relativ spät. Patentiert wurden sie zwar schon 1880, aber die Stadtverwaltung war langfristig an einen Vertrag mit den Betreibern der »Konkas«[176], der Pferdestraßenbahnen, gebunden. So konnten die neuen elektrischen Straßenbahnen zuerst nur zeitlich begrenzt und nur auf Nebenstrecken eingesetzt werden. Sie verkehrten nur im Winter auf Gleisen über der zugefrorenen Newa. 1907 lief dann der Vertrag mit den Betreibern der »Konkas« aus und deren Monopolstellung ging zu Ende. Eine Zeitung berichtete von der feierlichen Eröffnung des Straßenbahnverkehrs im Petersburger Stadtzentrum: »Kurz nach neun Uhr trafen die ersten geladenen Gäste am Alexandergarten ein, wo man ein großes, mit exotischen Pflanzen dekoriertes Zelt aufgebaut hatte. Am Eingang des Gartens stellten sich die Straßenbahnfahrer in ihren funkelnagelneuen Uniformen in zwei Reihen auf. Zehn mit Nationalflaggen geschmückte Straßenbahnen standen auf den Schienen. Durch die elegante Form und die leuchtend bunten Farben zogen sie die Aufmerksamkeit und Bewunderung Tausender von Zuschauern auf sich. Den ganzen Tag über waren die Straßenbahnfahrten eine gewaltige Attraktion, und alle Bahnen quollen vor Fahrgästen beinahe über.«[177]

Kurz vor der Jahrhundertwende sah man in Petersburg auch die »pferdelosen Kutschen«: Selbstfahrende Wagen, Automobile, fünfundzwanzig Stundenkilometer schnell, und jeder, der es sich leisten konnte, hatte bald einen solchen Wagen vor der Tür stehen. Kurz vor dem Ausbruch des Ersten Weltkrieges fuhren bereits über zweitausendfünfhundert Automobile durch die Stadt und verschreckten nicht nur Passanten, sondern auch Pferde:

»Motorenschlangen fliegen in den Nebel;
Ein Fußgänger, empfindlich, heimgesucht:
Der Sonderling Jewgenij[178] – mausarm und verlegen,
Schimpft auf sein Los, atmet Benzingeruch!«[179]

Nichts konnte die weitere Motorisierung der Verkehrsmittel aufhalten, auch die Droschken wurden nach und nach von Taxen verdrängt. 1909 wurde der Taxenbetrieb in der Zeitung angekündigt: »Die neue Gesellschaft der St. Petersburger Kraftdroschken nimmt am 1. Mai ihren Betrieb in Petersburg auf. Der Fahrpreis beträgt 40 Kopeken pro Werst, und es wird ein Rubel pro Stunde Wartezeit verlangt. Die Kraftdroschken haben keine festen Halteplätze und können wie gewöhnliche Droschken überall in der Stadt herangewinkt und angehalten werden. Alle Taxen sind in Amerika gefertigte Fords, die elegant und leicht wirken. Die Fahrer tragen eine Dienstkleidung nach französischer Mode. Am 1. Mai werden 15 Taxen den Betrieb aufnehmen, und im Laufe der Zeit will man ihre Zahl auf 500 erhöhen.«[180]

Rundgang E: Jussupow-Palais: Rasputins letzte Einladung
→ Historismus und Jugendstil [s. Seite 226]

Jussupow-Palais:
Rasputins letzte Einladung

Das Palais der Jussupows an der Mojka war nur einer von vier prachtvollen Palästen, die ihnen in Petersburg gehörten. In Moskau standen drei weitere und in der russischen Provinz besaßen sie über siebenunddreißig Landgüter. Der Hauptteil ihres Vermögens jedoch, das sich kurz vor der Revolution auf siebenhundert bis eintausend Millionen Goldrubel belief und damals einem Wert zwischen dreihundertfünfzig und fünfhundert Millionen US-Dollar entsprach, waren Bodenschätze. Allein am Kaspischen Meer besaßen

Der maurische Saal im Jussupow-Palais

sie einen über zweihundert Kilometer langen Küstenstreifen mit reichen Rohölvorkommen. Es gehörten ihnen zahlreiche Bergwerke, in denen Kohle und Eisenerze gefördert wurden, und verschiedene Fabriken. Ihr Vermögen – so wird vermutet – stand dem der Zarenfamilie nicht nach.

Die Familie Jussupow war tatarischer Herkunft, und ihr Name ging zurück auf Khan Jussuf. Seit dem 16. Jahrhundert standen die Jussupows im Dienst der russischen Herrscher und gehörten immer zu deren engsten Vertrauten. Einer war ein naher Freund Peters des Großen, ein anderer Liebhaber von Elisabeth, ein dritter enger Freund Katharinas II. Der letzte Erbe der Jussupows, der auch den traurigen Niedergang der Monarchie erleben mußte, war Felix. Er heiratete im Februar 1914 Großfürstin Irina Alexandrowna,[181] eine Nichte Nikolaus II. und wurde also kurz vor ihrem Niedergang noch Mitglied der kaiserlichen Familie.

Felix war ein exzentrischer Genießer. Anders als seine Vorfahren bemühte er sich nicht darum, das Vermögen zu mehren, sondern erfreute sich daran, es auszugeben und das Leben eines Dandys zu führen. Daß er schließlich maßgeblich an dem Komplott gegen Rasputin beteiligt war, war zwar vielleicht auch Ausdruck seiner Exzentrik, seiner morbiden Gedanken und Gelüste, aber sicher auch seines Patriotismus.[182] Auch der Einfluß seiner Mutter, Fürstin Sinaida, dürfte wichtig gewesen sein. Wie viele Adelige verfolgte auch sie mit Besorgnis Rasputins wachsenden Einfluß am Zarenhof und warnte die Zarin vor dem Wunderheiler. Sie machte darauf aufmerksam, daß Rasputins Nähe zur Zarenfamilie in der Bevölkerung Unverständnis hervorrief. Die Zarin dankte es der Fürstin nicht, sie verstieß Sinaida aus ihrem Kreis. Also ersann Fürstin Sinaida andere Pläne, wie man mit Rasputin fertig werden konnte – Mord nicht ausgeschlossen.

Bei der Planung und Durchführung der Tat konnte Felix seine gesellschaftliche Stellung und seine vielfältigen Beziehungen nutzen. Einer der Komplizen war Großfürst Dmitrij Pawlowitsch, ein Cousin Nikolaus' II., mit dem Felix sich wegen eines homoerotischen Abenteuers noch immer verbunden fühlte. Weitere Mitverschwörer waren der Militärarzt Lasawert, der Duma-Abgeordnete Purischkewitsch und ein Offizier namens Suchotin.

Und so könnten die letzten Stunden von Rasputins legendärem Leben ausgesehen haben:[183] Rasputin erhielt eine Einladung in das Palais an der Mojka. Er wußte, daß die Jussupows zu seinen Gegnern gehörten, ließ sich aber die Gelegenheit zu einem Besuch am Abend des 16. Dezember 1916[184] nicht entgehen. Vielleicht betrachtete er es als Herausforderung, vielleicht war es seine Neugier auf die Großfürstin Irina, die wunderschöne junge Frau von Felix, vielleicht schien irgend etwas auf einen aufregenden Abend hingedeutet zu haben.

Rasputin wurde spät abends von Fürst Felix und Lasawert in seiner Wohnung in der Gorochowaja-Straße abgeholt und zum Jussupow-Palast gebracht. Dort betraten sie einen Seitenflügel abseits der Repräsentations- und Wohnräume der Familie. Felix nutzte ihn für exzessive Treffen mit Freunden und hatte im Kellergewölbe ein gemütliches Kaminzimmer herrichten lassen. Dorthin baten sie Rasputin, der sich zwar wunderte, nicht gleich von Großfürstin Irina empfangen worden zu sein, sich aber von Felix vertrösten ließ. Die Großfürstin würde später hinzukommen, sie hätte noch eigene Gäste zu verabschieden. Über dem Kaminzimmer schien sich tatsächlich eine Gesellschaft aufzuhalten –

Rasputin hörte ein leises Stimmengewirr und Musik. In Wirklichkeit war dies nur eine Geräuschkulisse, die die drei Komplizen und ein Grammophon erzeugt hatten. Großfürstin Irina war gar nicht anwesend, und auch der Großteil des Personals hatte an diesem Abend frei. Felix bewirtete inzwischen seinen Gast mit Süßigkeiten und Madeirawein, die mit Zyankali vergiftet worden waren. Rasputin aß und trank, aber das eingenommene Gift schien ihm nicht zu schaden. Felix wurde immer nervöser und verließ unter einem Vorwand das Kaminzimmer, um sich mit seinen Komplizen zu beraten. Lasawert und Suchotin verloren nun ebenfalls die Nerven und wollten das Vorhaben aufgeben. Nur Purischkewitsch blieb ruhig, drückte Felix einen Revolver in die Hand und schickte ihn wieder zurück. Im Kaminzimmer angekommen, hielt Felix den Browning hinterm Rücken, wechselte mit Rasputin noch ein paar Worte, dann zielte er auf den Oberkörper seines Gastes und drückte ab. Rasputin fiel mit einem Aufschrei zu Boden. Die Komplizen hörten es und eilten herbei. Lasawert fühlte Rasputins Puls – nichts. Felix blieb als letzter bei dem Toten zurück, als Rasputin plötzlich seine Augen aufriß, vom Boden aufsprang und versuchte, den entsetzten Felix zu erwürgen. Der befreite sich mit Mühe aus dem Würgegriff und lief davon. Rasputin versuchte nun zu fliehen. Auf dem Hof des Palastes lief ihm Purischkewitsch mit einer Pistole hinterher. Zwei Schüsse gingen daneben, der dritte traf Rasputins Rücken, ein vierter den Kopf. Endlich schien Rasputin tot zu sein. Die Leiche wurde in Vorhangstoff eingewickelt, das Bündel mit Stricken zusammengeschnürt und in ein Eisloch geworfen.

Rasputins Verschwinden wurde gleich am nächsten Morgen bemerkt. Die Kaiserin ordnete eine Untersuchung an.

Nach zwei Tagen fand man die Leiche. Die Autopsie ergab, daß die erste Kugel in Rasputins Brust eingedrungen war, die zweite verletzte eine der Nieren und die dritte traf die Schläfe. Aus unerklärlichen Gründen fanden sich keine Spuren von Zyankali im Magen. Dafür wurde Wasser in der Lunge festgestellt. Rasputin war also trotz der vielen Schüsse noch am Leben, als man ihn ins Eiswasser warf.

Rasputin wurde in der Nähe von Zarskoe Selo im kaiserlichen Park beigesetzt. Die Kapelle des Heiligen Serafim, in der er seine letzte Ruhestätte fand, wurde während der Wirren der Revolution durch ein Feuer vollständig zerstört. In der Legende aber überlebte Rasputin die Revolution, die er angeblich prophezeit hatte. Kurz vor seiner Ermordung im Dezember 1916 soll er an Nikolaus einen Brief verfaßt haben, in dem er seinen unnatürlichen Tod voraussah. Er warnte Nikolaus: Würde er vom Volke umgebracht, bliebe der Mord für die kaiserliche Familie ohne Folgen. Würde er von Adligen ermordet, bedeute das fünfundzwanzig Jahre blutige Unruhen für Rußland. Sollte er aber von jemandem aus Nikolaus Familie umgebracht werden, dann blieben der Kaiser und seine nächsten Angehörigen nicht länger als zwei Jahre am Leben. Falls es diesen Brief tatsächlich gegeben hat, behielt Rasputin recht: Keine zwei Jahre später, im Juli 1918, wurden Nikolaus, seine Frau Alexandra und ihre fünf Kinder ermordet.

Historismus und Jugendstil

Von Jussupow-Palais nehmen wir den Uferweg entlang der Mojka bis zum Isaaks-Platz und gelangen dort zu einer kleinen Grünanlage. Hier stehen zwei imposante neoklassizistische Gebäude. Das linke wurde vom deutschen Architekten Peter Behrens errichtet und diente bis zum Ausbruch des Ersten Weltkrieges als Sitz der Deutschen Botschaft. Behrens schuf hier ein strenges, von klassischer Säulenordnung beherrschtes Gebäude aus auffälligem roten finnischen Granit. Das 1912 fertiggestellte Gebäude war lange umstritten, da es nicht so recht zu den angrenzenden Bauwerken paßte und zudem später als ein Vorläufer der nationalsozialistischen Architektur angesehen wurde. Diesen Eindruck verstärkte noch eine auf dem Dach über dem Eingang plazierte Skulpturengruppe von Eberhard Enckes –, zwei riesige junge Männer mit Pferden, die aber von einer aufgebrachten Menschenmenge, nach dem Ausbruch des Ersten Weltkrieges, heruntergestürzt wurde.

Gegenüber dem Behrens-Bau steht eines der schönsten Petersburger Hotels – das Astoria. Der russische Architekt Fjodor Lidwal (ein Russe schwedischer Abstammung) hielt sich bei der Außengestaltung des Gebäudes jedoch sehr zurück. Lediglich Arkaden im Erdgeschoß und schlichte Wandpfeiler in den oberen drei Stockwerken gliedern eine mit gräulichem und rosarotem Granit verkleidete Fassade. Das Hotel ist ein Eckgebäude, dessen eine Seite entlang der Bolschaja Morskaja Straße verläuft. Dieser Straße folgen wir vom Isaaks-Platz in Richtung Newskij. Schräg gegenüber dem Astoria, im Haus Nr. 24, in dem sich seit einigen Jahren das Juweliergeschäft »Jachont« befindet, wurde 1842 die Goldschmiedewerkstatt der berühmten Fabergé-

Juwelierdynastie eröffnet. Die sich am Historismus orientierende Fassade des Gebäudes ist erst während des Umbaus im Jahre 1900 entstanden. Die Erzeugnisse aus der Werkstatt Gustav Fabergés erregten anfänglich kein großes Aufsehen, vierzig Jahre später aber die seiner Söhne Carl und Agathon. Carl und Agathon präsentierten ihre Arbeiten 1882 in der Panrussischen Ausstellung in Moskau und hatten dort so großen Erfolg, daß auch die kaiserliche Familie auf sie aufmerksam wurde. Schon drei Jahre später erhielt Carl Fabergé den Titel »Kaiserlicher Hofgoldschmied« und noch im selben Jahr lieferte er der Zarenfamilie das erste von insgesamt fünfundfünfzig weltberühmten Fabergé-Ostereiern. Es war ein Geschenk Alexanders' III. an seine Gattin Maria Fjodorowna (Dagmar von Dänemark). Jedes der Fabergé-Ostereier enthielt eine kleine Überraschung und mußte nicht unbedingt immer ein Ostergeschenk sein. So wurde zum Beispiel auch aus Anlaß der Eröffnung der Transsibirischen Eisenbahn ein kostbares Ei aus Gold, Platin, Silber, Onyx, Achat und anderen wertvollen Materialien angefertigt, das eine Lokomotive und fünf Eisenbahnwaggons enthielt. Die Miniaturwaggons aus Gold haben Fenster aus Bergkristall und tragen die Aufschriften »Raucher«, »Damen«, »Herren«, »Postwagen« und »Kirchenwagen«. In der winzigen Lokomotive aus Platin ist ein Mechanismus untergebracht, mit dem sich der Zug aufziehen und in Bewegung setzen läßt. Im mittleren Teil des sechsundzwanzig Zentimeter hohen Eis ist eine Karte mit dem Verlauf der Transsibirischen Eisenbahnroute und das Jahr ihrer Eröffnung (1900) eingraviert.[185] Auch zum Jubiläum des dreihundertjährigen Bestehens der Romanow-Dynastie im Jahre 1913 fertigte die Fabergé-Werkstatt eine Kostbarkeit an: Ein doppelköpfiger Adler aus Gold trägt ein

Ei mit achtzehn Miniaturporträts der Romanow-Herrscher, die in Brillanten eingefaßt und von doppelköpfigen Adlern und Kaiserinsignien aus Gold eingerahmt sind. Das Innere schmückt ein drehbarer Globus, auf dem die nördliche Hemisphäre mit den Grenzen des Russischen Reiches dargestellt sind.[186] Neben diesen weltberühmten Stücken fertigten die Juweliere Tabatièren, Puderdosen, Riechfläschchen, Operngläser, Broschen und noch vieles mehr. In den vielen Jahren, in denen sie den kaiserlichen Hof belieferten, mußte in Petersburg jeder, der etwas auf sich hielt und über die nötigen Mittel verfügte, etwas von Fabergé besitzen.

Wir gehen weiter in Richtung Newskij Prospekt und sehen links (Nr. 15) die ehemalige Russische Handels- und Industriebank – ein 1914 errichtetes imposantes Gebäude der Neorenaissance. Dann überqueren wir den Newskij und kommen an der Hausnummer 5 (links) zu einem mit Granit verkleideten Gebäude, dessen Portikus mit vier hohen ionischen Säulen besonders auffällt. Fjodor Lidwal hatte es für die Asow-Don-Bank errichtet. Es gilt als eines seiner schönsten Bauwerke in Petersburg, ist noch vom kühlen, nordisch geprägten Jugendstil und schon von der modernen Klassik beeinflußt.

Da sich heute in der ehemaligen Bank das Haupttelefonamt befindet, kann man sich in der großen Halle im Erdgeschoß ansehen, wie elegant die Innenausstattung einst gewesen ist.

Wir kehren zum Newskij Prospekt zurück und beenden unseren Spaziergang mit einem Zitat aus dem Roman *Petersburg*, in dem der russische Dichter Andrej Bely Anfang des zwanzigsten Jahrhunderts mit modernen sprachlichen Stilmitteln experimentierte und folgende Beschreibung des Newskij gab: »Der Newskij Prospekt hat eine verblüffende

Eigenschaft: er besteht aus Raum für das Zirkulieren des Publikums; numerierte Häuser begrenzen ihn; die Numerierung folgt der Abfolge der Häuser – was das Auffinden eines Hauses überaus erleichtert. Der Newskij Prospekt, wie jeder andere Prospekt, ist ein öffentlicher Prospekt; das heißt: ein Prospekt für das Zirkulieren des Publikums (nicht der Luft, zum Beispiel); die ihn seitlich begrenzenden Häuser sind – hm ... ja: ... maisons publics. Der Newskij Prospekt wird am Abend elektrisch beleuchtet. Tagsüber aber bedarf der Newskij Prospekt keiner Beleuchtung.

Der Newskij Prospekt ist geradlinig (unter uns gesagt), weil er ein europäischer Prospekt ist; jeder europäische Prospekt aber ist nicht einfach ein Prospekt, sondern (wie ich schon sagte) ein europäischer Prospekt, weil ... ja ...

Weil der Newskij Prospekt ein geradliniger Prospekt ist.

Der Newskij Prospekt ist ein nicht unbedeutender Prospekt in jener unrussischen und Haupt-Stadt. Die übrigen russischen Städte stellen einen Haufen Holzhütten dar [...] dort [am Newskij Prospekt], aus den Fenstern, sah man die Hausnumerierung; und es lief die Zirkulation; dort, von dort – funkelten an klaren Tagen blendend von fern, fern: die goldene Nadel, die Wolken, ein Strahl des purpurnen Abendrots; und dort, von dort, an nebligen Tagen – nichts, niemand. [...]

Von feurigem Trug erfüllt ist am Abend der Prospekt. Gleichmäßig schweben in der Mitte die Äpfel der elektrischen Lampen. Seitlich jedoch spielt der wechselnde Glanz der Schilder; hier, hier und hier flammen plötzlich Lichtrubine; flammen da Smaragde. Ein Augenblick: da – die Rubine; und die Smaragde – hier, hier und hier.«[187]

Anmerkungen

I. Petrinische Zeit

1 Neumann-Hoditz, S. 51.
2 Neumann-Hoditz, S. 68.
3 Am 16. Mai nach dem Julianischen Kalender, den Peter I. am
   1. Januar 1700 in Rußland eingeführt hat. Diese Zeitrechnung
   geht auf Julius Caesar zurück, der sie im Jahr 46. v. Chr. anstelle
   des frührömischen Republikanischen Kalenders übernahm. Da
   der Julianische Kalender wegen seiner Ungenauigkeit im 16. Jahrhundert bereits um zehn Tage hinterherhinkte, ließ Papst Gregor
   im Oktober 1582 in Europa den sogenannten Gregorianischen
   Kalender einführen. Im 18. Jh. betrug der Unterschied zwischen
   diesen beiden Kalendern bereits elf Tage, so daß der Beginn der
   Stadtgründung nach unserem westlichen, Gregorianischen Kalender auf den 27. Mai 1703 fällt. Anfang des 19. Jahrhunderts
   betrug die Differenz zwölf und zu Beginn des 20. Jahrhunderts
   bereits dreizehn Tage. Nach der Oktoberrevolution wurde auch
   in Rußland der Gregorianische Kalender eingeführt.
4 Owsjanikow, S. 15, Übersetzung: I. Schalthöfer.
5 Als Vergleich: Der Monatslohn eines Arbeiters betrug einen Rubel
   und die etwa 650 Kilometer lange Kutschenfahrt von Petersburg
   nach Moskau kostete fünf Rubel.
6 Massie, Peter der Große, S. 636.
7 Massie, Peter der Große, S. 637.
8 Massie, Peter der Große, S. 642.
9 Massie, Peter der Große, S. 654f.
10 Massie, Peter der Große, S. 645.
11 Von Stählin, S. 116.
12 Massie, Peter der Große, S. 678.
13 Massie, Peter der Große, S. 678.
14 Massie, Peter der Große, S. 566f.
15 Massie, Peter der Große, S. 570.
16 Massie, Peter der Große, S. 579.

17 Mitte des sechzehnten Jahrhunderts von Iwan IV. gegründete, mit
    Feuerwaffen ausgerüstete halbreguläre Truppe des Moskauer
    Großfürstentums, deren Mitglieder als Nebenerwerb Handwerk
    und Landwirtschaft betrieben, um sich den niedrigen Sold aufzu-
    bessern. Während der Regierungszeit Peters I. haben sie sich aus
    verschiedenen Gründen 1682 und 1698 gegen ihn erhoben und
    wurden mit ungewöhnlicher Härte bekämpft.
18 Massie, Peter der Große, S. 564 f.
19 Massie, Peter der Große, S. 573.
20 Von Stählin, S. 224 f.
21 Von Stählin, S. 57.
22 Vernova, Znamenov, S. 8, Übersetzung: I. Schalthöfer.
23 Bei dem Augenzeugen handelte sich um den Stabschirurg des Eli-
    teregimentes Ismailowo, Schulz. Vgl. von Stählin, S. 184 f.
24 Kennett, S. 205.
25 Bruce, S. 100, Übersetzung: I. Schalthöfer.
26 Kennett, S. 205.

II. Herrschaft der Frauen

27 Von Bechtolsheim, S. 138.
28 Von Bechtolsheim, S. 113.
29 Kennett, S. 123.
30 Erinnerungen der Kaiserin Katharina II., S. 125.
31 Jessen, S. 241.
32 Erinnerungen der Kaiserin Katharina II., S. 275.
33 Jessen, S. 111 f.
34 Jessen, S. 108.
35 Von Bechtolsheim, S. 135.
36 Bezeichnung für grobkörnigen Sand.
37 Von Bechtolsheim, S. 132 f.
38 Ein männlicher Leibeigener kostete zwischen 50 und 300 Rubel,
    eine weibliche Leibeigene zwischen 50 und 100 Rubel.
39 Ein Faden entspricht der Länge von ungefähr zwei Metern.
40 Die Werste ist ein altes russisches Längenmaß und entspricht der
    Länge eines Kilometers.

41 Georgi, S. 27.

42 Gogol, S. 41 ff.

43 Kohl, S. 31 und 111.

44 Kohl, S. 110 f.

45 In jedem sogenannten Gewölbe befand sich ein Laden.

46 Georgi, S. 85.

47 Heißes Getränk aus Honig und Gewürzen.

48 Kwas ist ein Erfrischungsgetränk aus Wasser, in dem Schwarzbrot vergoren wurde.

49 Russisch: Kaufleute.

50 Kohl, S. 108-117 und S. 128.

51 Kohl, S. 110.

52 Kohl, S. 140 f.

53 Saint Petersburg, S. 25, Übersetzung I. Schalthöfer.

54 Owsjanikow, S. 95, Übersetzung I. Schalthöfer.

55 Puschkin, Poeme und Märchen, S. 287-303.

56 Von Bechtolsheim, S. 150 f.

57 Kohl, S. 36 f.

58 100 Kopeken ergeben 1 Rubel.

59 Kohl, S. 41 ff.

60 Kohl, S. 241.

61 Kohl, S. 244.

62 Borek, S. 123.

63 Kohl, S. 245.

III. Ein neues Jahrhundert:
Die Männer sind wieder an der Macht

64 Puschkin, Aufsätze und Tagebücher, S. 314. Pawel ist die russische Variante von Paul.

65 Von Bechtolsheim, S. 189. Njanja ist der russische Ausdruck für Amme.

66 Von Bechtolsheim, S. 195.

67 Anspielung darauf, daß Moskau nach der Osmanischen Eroberung von Konstantinopel, des sogenannten »zweiten Roms«, die Rolle des »dritten Roms« übernahm. Ein russischer Mönch for-

mulierte in jener Zeit den berühmten Ausspruch: »zwei Rome sind gefallen, das dritte steht und ein viertes wird es nicht geben«.

68 Von Bechtolsheim, S. 207.

69 Von Bechtolsheim, S. 212.

70 Von Bechtolsheim, S. 216.

71 Das Gebäude der Garderegimenter, das noch heute den Platz zur Mojka hin nach Nordosten abschließt, wurde erst drei Jahre nach dem Errichten der Alexandersäule gebaut.

72 In diesem Gebäude befindet sich seit 1921 der Große Saal der Philharmonie.

73 »Razwod« bedeutet im Russischen »Aufzug der Wachen«.

74 Sutherland, S. 101.

75 Sutherland, S. 105 f.

76 Von Bechtolsheim, S. 265.

77 Von Bechtolsheim, S. 266.

78 Von Bechtolsheim, S. 268 f.

79 Von Bechtolsheim, S. 269.

80 Dezember heißt im Russischen »dekabr«, daraus entstand die Bezeichnung »Dekabristen« für die Männer des Dezemberaufstandes.

81 Sutherland, S. 121 f.

82 Wolkonskaja, S. 22.

83 Wolkonskaja, S. 41 f.

84 Puschkin, Poeme und Märchen, S. 290.

85 Hervorhebung laut Originaltext.

86 Puschkin, Jewgeni Onegin, S. 18, S. 24, S. 28.

87 De Custine, S. 39, S. 52 f. und S. 74.

88 Hervorhebungen laut Originaltext.

89 Puschkin, Jewgeni Onegin, S. 19.

90 Den Beamtenrang des Kammerjunkers erhielten junge Männer mit ungefähr achtzehn Jahren. Als Puschkin zum Kammerjunker ernannt wurde, war er bereits über fünfunddreißig.

91 Puschkin, Aufsätze und Tagebücher, S. 351.

92 Von Bechtolsheim, S. 230.

93 Keil, S. 71 f.

94 Petersburger Träume, S. 103.

95 Das Palais ist zwar nicht erhalten, die Löwen aber haben die zwei Jahrhunderte überlebt und wurden in der nachrevolutionären Zeit auf der Jelagin-Insel aufgestellt.

96 Puschkin, Poeme und Märchen, S. 302.

97 Von Bechtolsheim, S. 295.

98 De Custine, S. 109.

99 Von Bechtolsheim, S. 165 f.

100 Von Schlözer, S. 50.

101 De Custine, S. 70 und S. 202-211.

102 Puschkin, Briefe, S. 248.

103 Sindalowskij, S. 43. Übersetzung: I. Schalthöfer.

104 Vgl. Sindalowskij, S. 43.

105 Butikov, S. 22.

106 Butikov, S. 30.

107 De Custine, S. 164.

108 Hervorhebung laut Originaltext.

109 Petersburger Träume, S. 173 f.

110 Andrej Belyj nennt sie so in seinem 1913 erschienenen Roman *Petersburg.*

111 Dies entspricht einer Höhe von über vierzig Metern.

112 Kohl, S. 214.

113 De Custine, S. 125.

114 Mit »Mushik« bezeichnet Dumas Männer der unteren Gesellschaftsschicht.

115 Dumas, S. 220.

116 Von Bechtolsheim, S. 312.

117 De Custine, S. 40 ff.

IV. Zeit des Umbruchs

118 Owsjanikow, S. 219, Übersetzung: I. Schalthöfer.

119 Julianischer/Gregorianischer Kalender.

120 Von Schlözer, S. 69.

121 Von Schlözer, S. 68 f.

122 Petersburger Träume, S. 176.

123 Von Schlözer, S. 124 f.

124 Troyat, Zar Alexander II., S. 138 f.

125 Die Sitzung der Minister sollte am 4./16. März (Julianischer/Gregorianischer Kalender) 1881 stattfinden, vier Tage nachdem der Kaiser die Verfassung unterzeichnet hatte.

126 Petersburger Träume, S. 135.

127 Petersburger Träume, S. 134 ff.

128 Dostojewski, Tagebuch eines Schriftstellers, S. 605.

129 In Petersburg spielen zwei Drittel seiner Romane und Erzählungen.

130 Dostojewski, Schuld und Sühne, S. 680.

131 Hervorhebung laut Originaltext.

132 Dostojewski, Der Iditot, S. 101 ff.

133 Nötzel, S. 618.

134 Dostojewski, Schuld und Sühne, S. 5 und S. 42.

135 Dostojewski, Schuld und Sühne, S. 37.

136 Uliza (russisch) = Straße.

137 Pereulok (russisch) = Gasse.

138 Hier ist die Stoljarnyj pereulok (russisch) = Tischlergasse gemeint, benannt nach den vielen Handwerkern dieser Zunft, die in der Gasse wohnten.

139 Kokuschkin-Brücke über den Katharinen-Kanal am Ende des Stoljarnyj pereulok.

140 Anders als heute, gab es im »Raskolnikow-Haus« zu Dostojewskis Zeit noch ein ausgebautes Dachgeschoß mit Mansardezimmern. Vgl. Rakow, S. 91 f.

141 Dostojewski, Schuld und Sühne, S. 5-8.

142 Dostojewski, Schuld und Sühne, S. 6 und S. 14.

143 Dostojewski, Schuld und Sühne, S. 94.

144 Damit ist der Katharinen-Kanal gemeint.

145 Hier ist die Srednaja podjatscheskaja ulica gemeint, die beidseitig vom Bogen des Katharinen-Kanals begrenzt wird.

146 Da es ein Eckhaus ist, hat es zwei Durchgänge zu den Hinterhöfen und den Hofhäusern: einen vom Kanal, einen anderen von der Srednaja podjatscheskaja ulica.

147 Dostojewski, Schuld und Sühne, S. 9.

148 Dostojewski, Schuld und Sühne, S. 109 f.
149 Dostojewski, Schuld und Sühne, S. 227.
150 Dostojewski, Schuld und Sühne, S. 229 f.
151 Helm, S. 49.
152 Helm, S. 93.
153 Nach dem Gregorianischen Kalender.
154 Helm, S. 123.
155 Nach dem Gregorianischen Kalender.

V. Das Ende der Monarchie

156 Massie, Nikolaj i Aleksandra, S. 5. Übersetzung: I. Schalthöfer. Vgl. auch Torke, S. 181.
157 Massie, Nikolaj i Aleksandra, S. 130.
158 Massie, Nikolaj i Aleksandra, S. 131.
159 Mandelstam, Das Rauschen der Zeit, S. 194.
160 Viergespann über dem Bogen des Generalstabsgebäudes.
161 Mandelstam, Über den Gesprächspartner, S. 90 ff.
162 Belyj, S. 105-109.
163 Troyat, Rasputin, S. 23.
164 Troyat, Rasputin, S. 29 und Massie, Nikolaj i Aleksandra, S. 230.
165 Troyat, Rasputin, S. 79.
166 Mandelstam, Das Rauschen der Zeit, S. 20 f.
167 Petersburger Träume, S. 186.
168 Von Bechtolsheim, S. 387.
169 Duma war das Russische Parlament bis zur Oktoberrevolution.
170 Von Bechtolsheim, S. 386 f.
171 Von Bechtolsheim, S. 393.
172 Von Bechtolsheim, S. 392.
173 2. März nach dem in Rußland gültigen Julianischen Kalender, nach dem Gregorianischem Kalender kam es am 15. März 1917 zur Thronverzichtserklärung.
174 Belyj, S. 25-27 und S. 22.
175 Belyj, S. 23 f.
176 Vom russischen »Kon'« abgeleitet und bedeutet »Pferd«.

177 Vor der Revolution: Das alte St. Petersburg, S. 229.

178 Anspielung auf den Puschkinschen Helden Jewgeni Onegin.

179 Petersburger Träume, S. 62.

180 Vor der Revolution: Das alte St. Petersburg, S. 231.

181 Irina Alexandrowna war die Tochter Großfürstin Xenias, einer Schwester Nikolaus II., und Großfürsten Alexander Michailo-witschs, eines Vetters des Zaren.

182 Vgl. Troyat, Rasputin, S. 160 ff.

183 Vgl. Massie, Nikolaj i Aleksandra und Troyat, Rasputin.

184 Nach dem in Westeuropa gültigen Gregorianischen Kalender am 29. Dezember 1916.

185 In der »Rüstkammer« des Moskauer Kremls ausgestellt.

186 In der »Rüstkammer« des Moskauer Kremls ausgestellt.

187 Belyj, S. 7 f., 21 f., 65.

Textnachweise

Bechtolsheim, Hubert von: St. Petersburg. Biographie einer Stadt. Prestel Verlag, München 1994. Abdruck der Auszüge mit freundlicher Genehmigung.

Belyj, Andrej: Petersburg. Roman in acht Kapiteln mit Prolog und Epilog. Frankfurt a. M., Insel Verlag, 1999.

Borek, Johanna: Denis Diderot. Reinbek bei Hamburg, Rowohlt Verlag, 2000.

Bruce, Peter H.: Memoirs. Dublin 1783/London, 1969.

Butikov, Georgij: St. Isaaks Kathedrale. Petersburg, Sankt Petersburg Verlag, 1991.

Custine, Astolphe de: Russische Schatten. Prophetische Briefe aus dem Jahre 1839. Nördlingen, Franz Greno Verlag, 1985.

Dostojewski, Fjodor M.: Der Idiot. Roman. Frankfurt a. M., Insel Verlag, 1980.

Dostojewski, Fjodor M.: Schuld und Sühne. Roman. Frankfurt a. M., Insel Verlag, 1998.

Dostojewskij, Fjodor M.: Tagebuch eines Schriftstellers. Notierte Gedanken. München, Piper Verlag, 1980.

Dumas, Alexandre: Reise durch Rußland. Berlin, Rütten & Loening, 1991.

Erinnerungen der Kaiserin Katharina II. [mit mehreren Porträts und einem Nachtrag aus den Erinnerungen der Fürstin Daschkoff]. Stuttgart, Verlag Waldemar Lutz, 1908.

Georgi, Johann G.: Versuch einer Beschreibung der Russisch kayserlichen Residenzstadt St. Petersburg und der Merkwürdigkeiten der Gegend. St. Petersburg, Akademie der Wissenschaften, 1790.

Gogol, Nikolai: Der Newski Prospekt. Aus: Aufzeichnungen eines Wahnsinnigen. Erzählungen. Frankfurt a. M., Insel Verlag, 1993.

Helm, Everett: Tschaikowsky. Reinbek bei Hamburg, Rowohlt Verlag, 1998.

Jessen, Hans [Hg.]: Katharina II. von Rußland: im Spiegel der Zeitgenossen. Düsseldorf, Rauch Verlag, 1970.

Keil, Rolf-Dietrich: Nikolai W. Gogol. Reinbek bei Hamburg, Rowohlt Verlag, 1998.

Kennett, Audrey: Die Paläste von Leningrad. Luzern und Frankfurt a. M., Bucher Verlag, 1974.

Kohl, Johann G.: Petersburg in Bildern und Skizzen. Erster Theil. Dresden, Arnoldische Buchhandlung, 1841.

Mandelstam, Ossip: Das Rauschen der Zeit. Gesammelte ›autobiographische‹ Prosa der 20er Jahre. © 1985 by Ammann Verlag & Co., Zürich. Abdruck der Gedichte mit freundlicher Genehmigung.

Mandelstam, Ossip: Über den Gesprächspartner. Gesammelte Essays 1913-1924. © 1991 by Ammann Verlag & Co., Zürich. Abdruck der Gedichte mit freundlicher Genehmigung.

Massie, Robert K.: Nikolaj i Aleksandra. St. Petersburg, Zolotoj wek, 1995.

Massie, Robert K.: Peter der Große. Sein Leben und seine Zeit. Königstein/Ts., Athenäum Verlag, 1986.

Neumann-Hoditz, Reinhold: Peter der Große. Reinbek bei Hamburg, Rowohlt Verlag, 1996.

Nötzel, Karl: Das Leben Dostojewskis. Leipzig, Haessel Verlag, 1925.

Owsjanikow, Jurij: Tri veka Sankt-Peterburga. Istorija, Kul'tura, Byt. Moskau, Galart, 1997.

Petersburger Träume. Ein literarisches Lesebuch. [Hg.] Wolfgang Lange. München, Piper Verlag, 1992.

Puschkin, Alexander: Aufsätze und Tagebücher. Frankfurt a. M., Insel Verlag, 1973.

Puschkin, Alexander: Briefe. Frankfurt a. M., Insel Verlag, 1973.

Puschkin, Alexander: Jewgeni Onegin. Roman in Versen. Frankfurt a. M., Insel Verlag, 1999.

Puschkin, Alexander: Poeme und Märchen. Frankfurt a. M., Insel Verlag, 1973.

Rakow, Jurij Abramowitsch: Peterburg – gorod literaturnych geroew. Sankt-Peterburg, Chimizdat, ³2000.

Saint Petersburg. A Guide to the Architecture. St. Petersburg, Bibliopolis, 1994.

Schlözer, Karl von: Petersburger Briefe. Aus: Hans Rothe [Hg.], Peters-

burger Briefe. An drei Zarenhöfen 1835-1836, 1857-1862, 1886. ©
1978 by nymphenburger in der F. A. Herbig Verlagsbuchhandlung
GmbH, München. Abdruck der Auszüge mit freundlicher Genehmigung.

Seume, Johann Gottfried: Mein Sommer 1805. Leipzig, 1815 und Michelstadt, Neuthor-Verlag, 1987.

Sindalowskij, Naum Aleksandrowitsch: Legendy i mify Sankt-Peterburga. Norint, ²1997.

Stählin, Jakob von: Originalanekdoten von Peter dem Großen. München, Winkler-Verlag, 1968.

Sutherland, Christine: Die Prinzessin von Sibirien. Maria Wolkonskaja und ihre Zeit. Frankfurt a. M., S. Fischer Verlag, 1998. Abdruck der Auszüge mit freundlicher Genehmigung des Claassen Verlags.

Torke, Hans-Joachim: Einführung in die Geschichte Rußlands. München, C. H. Beck Verlag, 1997.

Troyat, Henri: Rasputin. München, Piper Verlag, 1999.

Troyat, Henri: Zar Alexander II. Frankfurt a.M., Societäts-Verlag, 1991.

Vernova, Nina und Vadim Znamenov: Peterhof. St. Petersburg, EGO, 1994.

Vor der Revolution: Das alte St. Petersburg. Michail P. Iroschnikow u. a. Köln, DuMont Buchverlag, 1991.

Wolkonskaja, Maria Fürstin: Erinnerungen. Berlin, Der Morgen Verlag, 1982.

Bildnachweise

Jakov Kaplun, Berlin: 164/165

laif/Gaasterland, Köln: 148/149

Jürgens Ost- und Europaphoto, Berlin: 56/57

Look/Max Galli, München: 28/29, 76/77, 116/117, 136/137, 180/181, 196/197

Alexandre Orloff, Paris: Umschlagfoto, 4, 36, 204/205

Für die Wiedergabe der Karte auf den Seiten 226/227: Erhard Gorys, Moskau und Sankt Petersburg, DuMont Kunst-Reiseführer, Köln, 2. Auflage 1997. © DuMont Reiseverlag, Köln

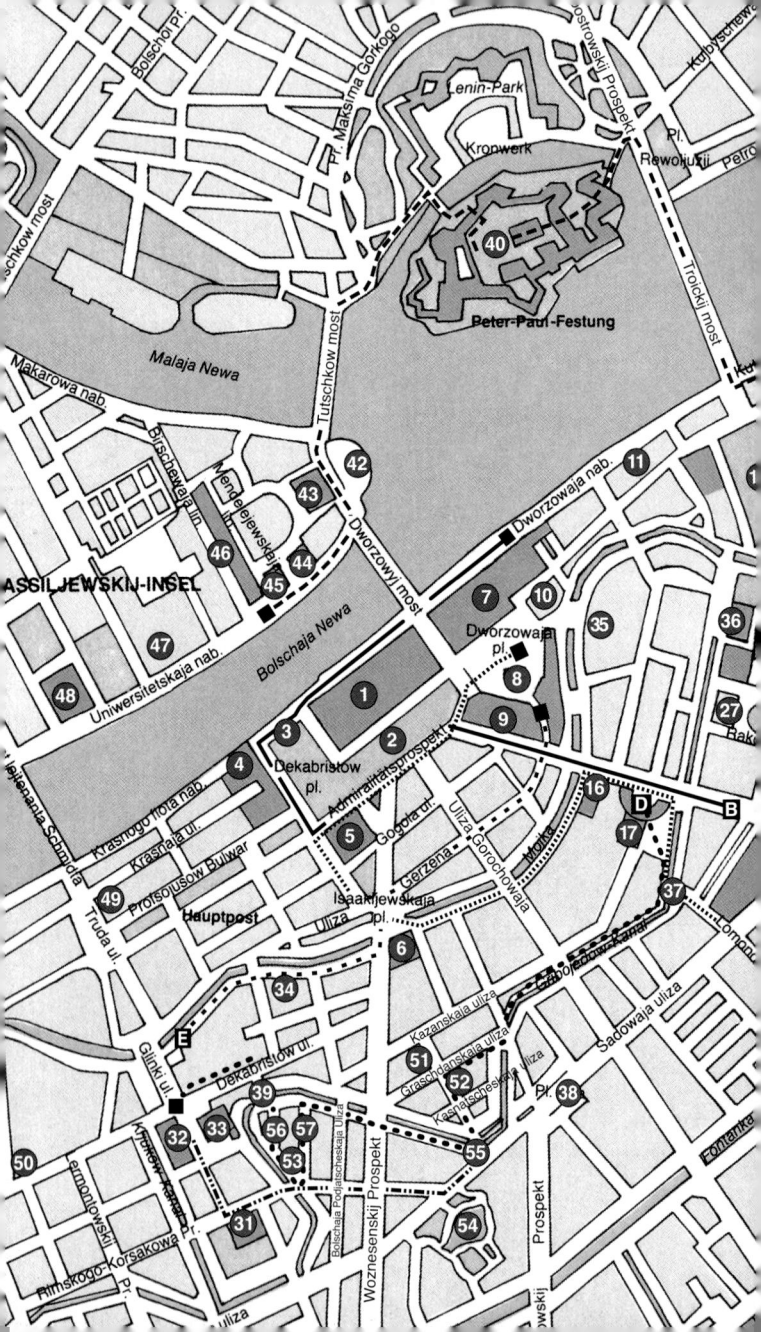

Lenin-Park

Kronwerk

40

Peter-Paul-Festung

Pl.
Rewolucji

Troickij most

Pr. Maksima Gorkogo

Tutschkow most

Malaja Newa

Makarowa nab.

11

Dworzowaja nab.

43

42

Dworzowyj most

46

44

45

ASSILJEWSKIJ-INSEL

Mendelejewskaja lin.

Birschewaja lin.

7

10

35

36

Bolschaja Newa

1

Dworzowaja
pl.

8

47

Uniwersitetskaja nab.

48

3

2

9

27

Rak

4

**Dekabristow
pl.**

Admiralitatsprospekt

16

D

B

5

Gogola ul.

Uliza Gorochowaja

17

Krasnogo flota nab.

Krasnaja ul.

Prosoiusow Bulwar

Uliza Gerzena

Mojka

37

49

Truda ul.

Hauptpost

**Isaakijewskaja
pl.**

6

Isaakijewskaja
Uliza

Gribojedowa kanal

Sadowaja uliza

34

Kazanskaja uliza

Grasdanskaja uliza

51

E

Glinki ul.

Dekabristow ul.

52

38

39

Kaznascheiskaja uliza

55

50

32

33

56

57

53

31

54

Bolschaja Podjatscheskaja Uliza

Woznesenskij Prospekt

Prospekt

Fontanka

Rimskogo-Korsakowa
uliza

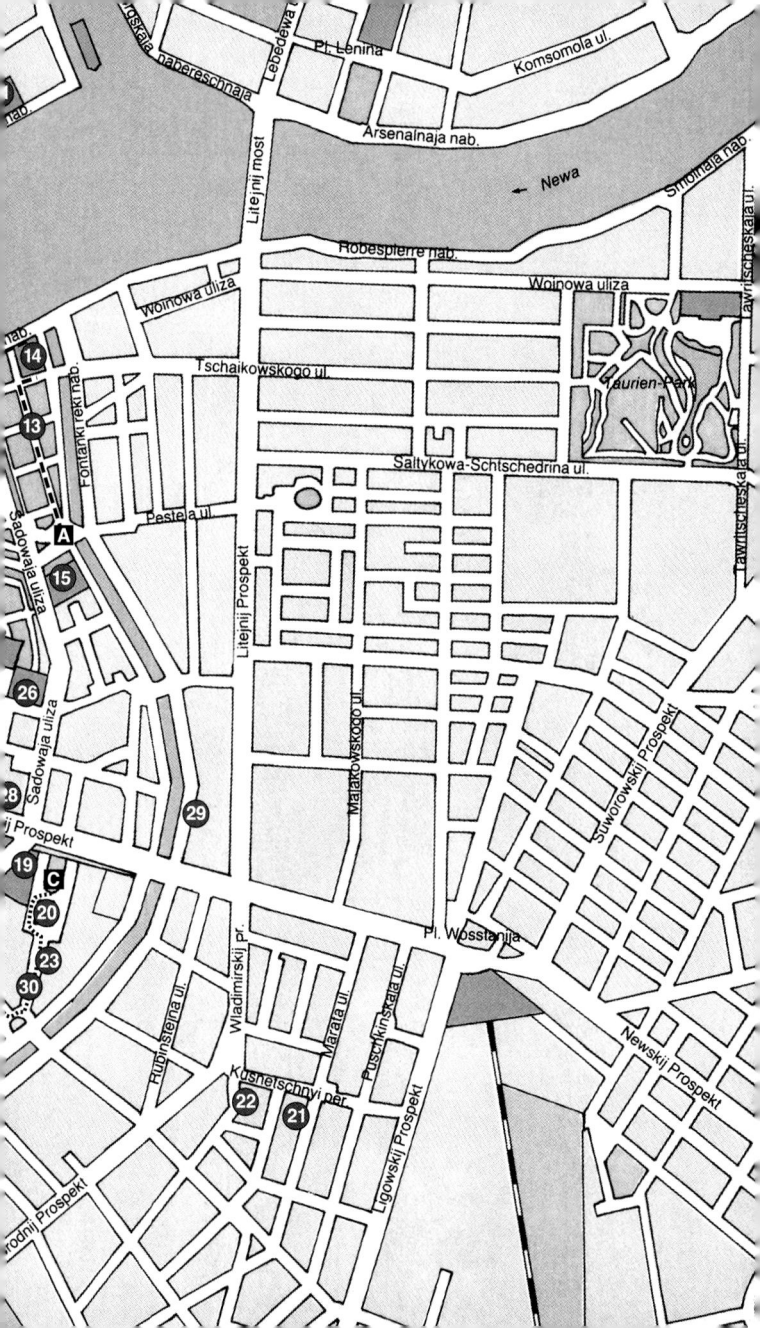

Wichtige Adressen*

Abendveranstaltungen

Folklore

Nikolaj-Palais: Ploschtschad truda 4 (Platz der Arbeit 4), Tel.: 312 55 00, meistens zwei Vorstellungen jeden Abend, 18.30 und 20.45. Eintrittskarten direkt im Palais erhältlich.

Konzerte

Großer Saal der Schostakowitsch Philharmonie: Michajlowskaja uliza 2 (zwischen Newskij und dem Platz der Künste), Tel.: 110 42 57, Vorstellungsbeginn meistens um 19.00.

Oper und Ballett

Marien-Theater: Teatralnaja ploschtschad 1 (Theaterplatz 1), Tel.: 114 43 44, Vorstellungsbeginn meistens um 19.00.

Mussorgskij-Theater: Ploschtschad isskusstw 1 (Platz der Künste 1), Tel.: 318 19 47, Vorstellungsbeginn meistens um 19.00.

Zirkus

St. Petersburg-Zirkus: Nabereschnaja reki fontanki 3 (Fontaka-Uferstraße 3), Tel.: 314 84 78, Vorstellungsbeginn meistens um 19.00.

Bootsfahrt

Eine Bootsfahrt durch die Stadt – auf der Newa, der Fontanka und der Mojka – ist auf jeden Fall zu empfehlen. Anlegestellen für eine Rundfahrt auf den drei Flüssen, die in der Regel eine Stunde dauert, sind unter anderem an der Grünen Brücke Ecke Newskij/Mojka und an der Anitschkow-Brücke Ecke Newskij/Fontanka.

* Es wird lediglich eine Auswahl von Empfehlungen gegeben.

Atrium-Café: Großzügiges Ambiente und leckere Torten und Kuchen inmitten eines vor kurzem restaurierten Gebäudekomplexes direkt am Newskij. Die Preise sind für Petersburger Verhältnisse eher niedrig.
Öffnungszeiten: Täglich von 10.00 bis 23.00.
Adresse: Newskij prospekt 25 (an der Ecke zur Kasaner-Kathedrale).
Tel.: 326 25 39.

Der Idiot: Ein Café und Restaurant mit dem Flair von Schauplätzen aus Dostojewskis Werken. Gutes, russisches Bier vom Faß, köstliche Bliny mit Kaviar und leckere vegetarische Speisen (eines der wenigen Restaurants übrigens, in denen Vegetarisches angeboten wird).
Öffnungszeiten: Täglich von 11.00 bis 1.00.
Adresse: Nabereschnaja reki mojki 82 (Mojka-Uferstraße 82), in der Nähe des Jussupow-Palais.
Tel.: 315 16 75.

Dworjanskoe Gnezdo: Ein nobles Restaurant in einem Pavillon des Jussupow-Palais mit hervorragender russischer Küche. Ein 3-Gänge-Mittagessen kostet ca. 30 €, für ein 4-Gänge-Dinner muß mit ca. 60 € pro Person gerechnet werden. Der Besuch wird trotz des hohen Preisniveaus sicher zu einem unvergeßlichen Ereignis.
Öffnungszeiten: Täglich von 12.00 bis 24.00.
Adresse: Uliza dekabristow 21 (Dekabristenstraße 21), in der Nähe des Marien-Theaters.
Tel.: 312 32 05.

Literaturcafé: Trotz der Empfehlungen verschiedener Reiseführer lohnt ein Weg dorthin nicht. Das Interieur erinnert nicht im geringsten an Puschkins Zeiten und auch die Speisen sind nicht zu empfehlen.
Öffnungszeiten: Täglich von 12.00 bis 24.00.
Adresse: Newskij prospekt 18.
Tel.: 312 71 37.

Mezzanine Café im Grand Hotel Europa: Das Café überzeugt nicht nur durch Ambiente, sondern auch durch die große Auswahl von köstlichen, hausgemachten Torten und Sandwiches. Die typische russische Suppe Borschtsch ist dagegen nicht empfehlenswert. In den Nachmittagsstunden kann man sich durch die Klänge einer Harfe vom Streß des Newskij erholen. Für einen Kaffee mit Kuchen müssen ca. 10 €, für Mineralwasser ca. 4 € ausgegeben werden.

Öffnungszeiten: Täglich von 9.00 bis 22.00.

Adresse: Im Gebäude des Grand Hotel Europa, Michajlowskaja uliza 1/7 (zwischen Newskij und dem Platz der Künste).

Tel.: 329 60 00.

Sadko's im Grand Hotel Europa: Sehr gute russische Küche in gehobenem Ambiente.

Öffnungszeiten: Mo.-Sa. von 12.00 bis 1.00.

Adresse: Im Gebäude des Grand Hotel Europa, Michajlowskaja uliza 1/7 (zwischen Newskij und dem Platz der Künste).

Tel.: 329 60 00.

Literatur-Museen

Achmatowa-Museum: In den Räumlichkeiten eines Seitenflügels des Scheremetjew-Palais untergebracht, in denen Achmatowa von 1924 bis 1952 lebte.

Öffnungszeiten: Sa.-Do., 10.30 bis 17.30, letzten Mittwoch jedes Monats geschlossen.

Adresse: Nabereschnaja reki fontanki 34 (Fontaka-Uferstraße 34).

Blok-Museum: Hier lebte Blok von 1912 bis 1921 und schrieb die meisten seiner berühmt gewordenen Gedichte. Zu besichtigen sind Fotografien und persönliche Gegenstände des Dichters.

Öffnungszeiten: Mo., Di., Do.-So., 11.00 bis 17.00, am Dienstag nur bis 16.00, letzten Dienstag jedes Monats geschlossen.

Adresse: Uliza dekabristow 57 (Dekabristenstraße 57).

Dostojewski-Museum: Ein Teil des Museums besteht aus den Räumlichkeiten von Dostojewskis letzter Wohnung. Neben der Besichtigung seiner persönlichen Gegenstände beeindruckt vor allem die Atmosphäre dieser Wohnung, die seine schwierigen Lebensumstände widerspiegelt. Weitere Räume des Hauses – natürlich wieder eines Eckhauses – sind dem Leben und Werk Dostojewskis gewidmet: In Glasvitrinen werden seine berühmten Romane in kunstvollen Arrangements vorgestellt. Das Museum verfügt auch über einen kleinen Kinosaal, in dem von Zeit zu Zeit an Sonntagen russische Verfilmungen von Dostojewskis Romanen in Originalsprache gezeigt werden.

Öffnungszeiten: Sa.-Do., 11.00 bis 17.30, letzten Mittwoch jedes Monats geschlossen.

Adresse: Kusnetschnyj pereulok 5 (Schmiedegasse 5). Gleich im nächsten Häuserblock (Schmiedegasse 3) befindet sich eine **Markthalle**, der Kusnetschnyj rynok, mit einer großen Auswahl an Obst, Gemüse, Blumen, Fleisch, Milchprodukten und den für Russland typischen Salzgurken, die immer noch in riesigen Holzfässern eingelegt werden und auf jeden Fall probiert werden sollten. Vorsicht, Taschendiebe!

Puschkin-Museum: Hier sind die großzügigen Räumlichkeiten zu besichtigen, die Puschkins letzte Wohnstätte waren und in denen der Dichter im Januar 1837 gestorben ist. Beeindruckend ist vor allem sein Arbeitszimmer.

Öffnungszeiten: Mi.-Mo., 11.00 bis 17.00, letzten Freitag jedes Monats geschlossen.

Adresse: Nabereschnaja reki mojki 12 (Mojka-Uferstraße 12).

Museen allgemein

Eremitage: Eines des berühmtesten und größten Museen der Welt, mit ca. 2,7 Mio. Exponaten: ca. 15 000 Gemälde, 12 000 Skulpturen, 60 000 Zeichnungen und vieles mehr in fast 400 Ausstellungsräumen. Neben der Sammlung der westeuropäischen Kunst sind auch die Repräsentationssäle der russischen Zaren sehenswert.

Öffnungszeiten: Di.-Do., 10.30 bis 17.00, Sonntag nur bis 16.00.

Adresse: Dworzowaja nabereschnaja (Newakai) 34.

Ethnographisches Museum: Anhand von Kunsthandwerk, Kleidung, Schmuck und Gebrauchsgegenständen wird ein Einblick in die Geschichte und Lebensweise der Völker der ehemaligen Sowjetunion gegeben.

Öffnungszeiten: Di.-So., 10.00-17.00, letzten Freitag jedes Monats geschlossen.

Adresse: Inschenernaja uliza 4a (Ingenieurstraße 4a).

Kunstkamera (Museum für Anthropologie und Ethnographie): Neben Funden aus der Stein-, Bronze- und Eisenzeit ist hier auch die

Raritätensammlung von Peter dem Großen zu sehen. In einem Turmzimmer der Kunstkammer kann auch eine Nachbildung des Gottorper Globus besichtigt werden.

Öffnungszeiten: Mo.-Mi., Sa., So., 11.00 bis 16.30.

Adresse: Uniwersitetskaja nabereschnaja 3 (Universitätskai 3).

Marmor-Palais: Neben dem äußerst prunkvollen Interieur kann man hier die Werke der russischen Nachkriegsavantgarde sehen, da das Gebäude eine Zweigstelle des Russischen Museums ist.

Öffnungszeiten: Mo., Mi.-So., 10.00 bis 17.00, Montag nur bis 16.00.

Adresse: Milljonnaja uliza 5/11 (Millionenstraße 5/11).

Museum für Musikinstrumente: Unter den ca. 3000 Exponaten sind auch Musikinstrumente aus dem 16. bis 19. Jahrhundert zu sehen, darunter auch private Instrumente berühmter russischer Komponisten.

Öffnungszeiten: Mi.-So., 12.00 bis 17.00, letzten Freitag jedes Monats geschlossen.

Adresse: Scheremetjew-Palais, Nabereschnaja reki fontanki 34 (Fontanka-Uferstraße 34).

Museum für Theater- und Musikkunst: Das Museum verfügt über ca. 400 000 Exponate, darunter auch Bühnenmodelle und Kostümentwürfe.

Öffnungszeiten: Mo., Do.-So., 11.00 bis 18.00, Mi. von 13.00 bis 19.00.

Adresse: Ploschtschad Ostrowskovo 6 (Ostrowskij-Platz 6).

Russisches Museum (Michaels-Palais): Das größte und wichtigste Museum für russische Kunst mit 315 000 Exponaten (die Tretjakow-Galerie in Moskau verfügt über »nur« rund 100 000 Exponate).

Öffnungszeiten: Mo., Mi.-So., 10.00 bis 17.00, Montag nur bis 16.00.

Adresse: Ploschtschad isskustw (Platz der Künste).

Sommerpalast Peters des Großen: Ein Besuch empfiehlt sich während des Spaziergangs, der im ersten Kapitel vorgeschlagen wird.

Öffnungszeiten: Mo., Mi.-So., 11.00 bis 17.30, letzten Montag jedes Monats geschlossen.

Adresse: Letnij sad (Sommergarten).

Literarische Reisebegleiter
im insel taschenbuch
Eine Auswahl

Städte

Rom. Ein literarisches Porträt. Herausgegeben von Michael Worbs. Mit farbigen Fotografien. it 2298. 320 Seiten

Mit Marie Luise Kaschnitz durch Rom. Herausgegeben von Iris Schnebel-Kaschnitz und Michael Marschall von Bieberstein. Mit Fotografien von Mario Clementi. it 2607. 196 Seiten

St. Petersburg. Literarische Spaziergänge. Von Ingrid Schalthöfer. Mit farbigen Fotografien. it 2833. 240 Seiten

Trier. Deutschlands älteste Stadt. Reisebuch. Herausgegeben von Michael Schroeder. Mit Fotografien von Konstantin Schroeder. it 1574. 260 Seiten

Tübingen. Ein literarischer Spaziergang. Herausgegeben von Gert Ueding. Mit zahlreichen Abbildungen. it 1246. 384 Seiten

Venedig. Der literarische Führer. Herausgegeben von Doris und Arnold E. Maurer. Mit zahlreichen Fotografien. it 1413. 188 Seiten

Wien. Ein literarisches Porträt. Herausgegeben von Joseph Peter Strelka. Mit farbigen Fotografien. it 1573. 254 Seiten

Wiener Adressen. Ein kulturhistorischer Wegweiser mit Straßenplänen und Fotos von Dietmar Grieser. it 1203. 217 Seiten

Das Wiener Kaffeehaus. Mit zahlreichen Abbildungen und Hinweisen auf Wiener Kaffeehäuser. Herausgegeben von Kurt-Jürgen Heering. it 1318. 318 Seiten

Alle Wege führen nach Wien. Abenteuer eines Literaturtouristen. Von Dietmar Grieser. it 2543. 255 Seiten

Würzburg. Literarische Reisewege. Herausgegeben und mit einem Nachwort versehen von Stefan Janson. Mit farbigen Abbildungen. it 2276. 220 Seiten

Landschaften • Länder • Kontinente

Amerika

Kalifornien. Ein Reiselesebuch. Herausgegeben von Herbert Genzmer. Mit farbigen Fotografien. it 2636. 282 Seiten

Harry Graf Kessler. Notizen über Mexiko. Herausgegeben von Alexander Ritter. Mit zahlreichen Abbildungen. it 2176. 182 Seiten

Martin Walser/André Ficus. Die Amerikareise. Versuch, ein Gefühl zu verstehen. Mit 51 farbigen Bildern von André Ficus. it 1243. 117 Seiten

Deutschland

Hans Christian Andersen. Schattenbilder einer Reise in den Harz, die sächsische Schweiz etc., etc. im Sommer 1831. Herausgegeben von Ulrich Sonnenberg. Mit zahlreichen zeitgenössischen Abbildungen. it 2818. 240 Seiten

Bodensee. Reisebuch. Herausgegeben von Dominik Jost. Mit farbigen Abbildungen. it 1490. 313 Seiten

Der Rhein. Eine Reise mit Geschichten, Gedichten und farbigen Fotografien. Herausgegeben von Helmut J. Schneider unter Mitarbeit von Michael Serrer. Mit Fotografien von Pieter Jos van Limbergen. it 1966. 206 Seiten

Die schönsten Schlösser und Burgen Deutschlands.
Ein literarischer Reisebegleiter. Herausgegeben von Joachim
Schultz. Mit farbigen Fotografien. it 2717. 256 Seiten

Sylt. Literarische Reisewege. Herausgegeben von Winfried
Hörning. Mit zahlreichen Fotografien. it 2522. 260 Seiten

Martin Walser/André Ficus. Heimatlob. Ein Bodensee-Buch.
it 645. 92 Seiten

England

Mit Fontane durch England und Schottland. Herausgegeben von Otto Drude. Mit farbigen Fotografien von Christel
Wollmann-Fiedler. it 2222. 194 Seiten

Karl Philipp Moritz. Reisen eines Deutschen in England im
Jahr 1782. Mit einem Nachwort vom Benedikt Erenz. Mit Il-
lustrationen. it 2641. 200 Seiten

Frankreich

Das Elsaß. Ein literarischer Reisebegleiter. Herausgegeben
von Emma Guntz und André Weckmann. it 2746. 256 Seiten

Mit Fontane durch Frankreich und Flandern. Herausgegeben von Otto Drude. Mit Fotografien von Christel Wollmann-Fiedler. it 2647. 144 Seiten

Wolfgang Koeppen. Reisen nach Frankreich. Mit farbigen
Fotografien von Angelika Dacqmine. it 2218. 170 Seiten